Siegfried König

Grundwissen Philosophie

Eine systematische Einführung

Siegfried König, Jahrgang 1960, studierte Philosophie und Literaturwissenschaft an der Universität Erlangen-Nürnberg und promovierte über politische Philosophie. Er ist seit mehreren Jahren am Bildungszentrum Nürnberg als Dozent für Philosophie und Film tätig.

Siegfried König

Grundwissen Philosophie

Eine systematische Einführung

ISBN: 1492345822
ISBN-13: 978-1492345824

Siegfried König
Kölner Str. 11c
90425 Nürnberg
sgf.koenig@t-online.de

Inhaltsverzeichnis

Einleitung

Was gehört zum philosophischen Grundwissen? Welche Philosophen sollte man kennen? Über welche Theorien Bescheid wissen? Und muss man dafür nicht Philosophie studieren? Aus meinen Erfahrungen in der Erwachsenenbildung weiß ich, dass es ein großes Interesse an philosophischen Themen gibt, auch und gerade bei Menschen, die nicht Philosophie studiert haben. Und ich weiß auch, dass hier oft eine große Unsicherheit über den eigenen Wissensstand besteht. Als Laie fühlt man sich schnell eingeschüchtert von diesem zweieinhalb Jahrtausende alten Wissensgebirge mit vielen Teildisziplinen und Abertausenden von Büchern.

Für diese interessierten Laien ist dieses Buch geschrieben. Ich folge hier nicht dem Weg der Philosophiegeschichte, sondern gehe von Problemstellungen aus, wie sie in den einzelnen Disziplinen der Philosophie diskutiert werden. Der Bogen spannt sich von der Logik über die Metaphysik und Erkenntnistheorie bis zur Ethik und Politischen Philosophie, wobei auch den neueren Gebieten der Sprachphilosophie und der Philosophie des Geistes ein Kapitel gewidmet ist. Die Darstellung hat einführenden Charakter, weshalb die Verständlichkeit den Vorrang vor der Vollständigkeit hat. Vorkenntnisse werden nirgendwo vorausgesetzt, sind aber auch nicht hinderlich.

Ich möchte Ihnen mit diesem Buch einen Überblick über die wichtigsten Themen der Philosophie und eine tragfähige Grundlage für eine eigenständige Beschäftigung mit den angerissenen Fragestellungen bieten. Der Erfolg ist dann erreicht, wenn Sie sich dazu anregen lassen, einzelne Themen mit eigener Lektüre weiter zu verfolgen.

1. Was ist Philosophie?

1.1. Philosophie als Philosophieren

Was ist eigentlich die Philosophie? Bereits mit dieser einfachen Frage befinden Sie sich mitten in der philosophischen Diskussion. Es gibt keine allgemein anerkannte Definition der Philosophie oder ihres Gegenstandsbereichs, und auch keine Einigkeit darüber, womit sie sich befasst und wo ihre Grenzen liegen. Darin unterscheidet sich die Philosophie von allen anderen Wissenschaften. Doch Vorsicht, Sie können nicht einfach voraussetzen, dass die Philosophie eine Wissenschaft ist. Selbst dies ist umstritten. Was Sie überhaupt voraussetzen können? Eigentlich nichts. Die Philosophie ist die einzig Disziplin, bei der das Nachdenken über sich selbst zu ihren Grundthemen gehört.

Dabei führen wir die Philosophie doch ständig im Munde. Sie lesen von der Philosophie des Geldes, von der Philosophie der Nachhaltigkeit, sie hören, dass eine Firma eine ganz bestimmte Philosophie verfolgt, oder Sie müssen sich zurechtweisen lassen, dass Sie jetzt mit dem Philosophieren aufhören und mit dem Handeln anfangen sollen. Aber was ist denn nun die Philosophie?

Beginnen Sie mit einer begrifflichen Annäherung. Die Bezeichnung Philosophie stammt aus dem Griechischen und bedeutet wörtlich übersetzt: Liebe zur Weisheit. Der Philosoph Platon schildert den Philosophen als denjenigen, der nach der Weisheit strebt, nach dem Wahren und Guten. Er ist nicht im Besitz der Weisheit, sondern er sucht nach ihr. Dieses Suchen dauert nun schon mehr als zweitausend Jahre und Sie können davon ausgehen, dass es mit Sicherheit noch länger andauern wird. Wird die Philosophie ihr Ziel also nie erreichen? Das ist die falsche Frage, denn das Ziel der Philosophie besteht überhaupt nicht darin, endlich die Antwort zu finden, mit der alles Suchen ans Ende käme. Wie sollte eine solche Antwort auch aussehen? Die Philosophie besteht vielmehr in eben jenem Suchen. Deshalb sind in der Philosophie oftmals die Fragen wichtiger als jede Antwort.

Stellen Sie sich die ganze Philosophie als ein über viele Generationen hinwegreichendes Gespräch vor, gewissermaßen als einen fortlaufenden kritischen Kommentar zur Entwicklung der Menschheit. Das beschreibt es am anschaulichsten. Dabei ist die Philosophie aber keineswegs fruchtlos, sie bringt wichtige Einsichten hervor und trägt ihren Teil dazu bei, dass die Entwicklung immer weiter geht.

Ihren Ursprung hat die Philosophie bei den alten Griechen, wo sie die mythologische Welterklärung ablöste. Statt alle Erscheinungen der Welt auf das Wirken von Göttern zurückzuführen, fragt die Philosophie nach Gründen. Die ersten Philosophen waren nicht mehr zufrieden mit den Erklärungen von Mythos und Religion, sie wollten selbst verstehen, was geschah, und sie wollten dies erreichen indem sie selber dachten. Das Selbstdenken ist eine wesentliche Voraussetzung der Philosophie. Wenn Sie wirklich Philosophie betreiben wollen, müssen Sie sich dies immer vor Augen halten. Sie selber müssen es einsehen, und wenn Sie etwas nicht verstehen, müssen Sie so lange fragen, bis Sie es verstehen, oder bis Ihnen klar wird, dass es nichts zu verstehen gibt, weil der andere nur Unsinn redet.

Philosophie besteht im Philosophieren, darin waren sich alle großen Denker von Sokrates und Platon, über Descartes und Kant bis zu Wittgenstein einig, um nur ein paar zu nennen. Philosophie besteht nicht darin, die Theorien der Klassiker zu lernen und nachzuerzählen, oder die Grundsätze einer philosophischen Lehre herunterbeten zu können. Philosophie besteht darin, diese Theorien nachvollziehen und auch in Frage stellen zu können. Philosophie ist damit eher eine Tätigkeit als ein Wissen.

Natürlich müssen Sie sich mit den Theorien der großen Philosophen befassen. Sie wollen ja nicht das Rad neu erfinden. Aber Philosophie ist mehr als Texte auslegen. Sie sollten immer im Bewusstsein behalten, dass die Philosophie etwas ist, das jeden angeht. Die Probleme der Philosophie sind die Probleme von allen Menschen. Was ist Wahrheit? Was kann ich erkennen? Was soll ich tun? Hat mein Leben einen Sinn? Das sind keine abstrakten akademischen Fragen, das sind die Fragen, die alle Menschen im Innersten berühren. Und mit diesen

Fragen hat die Philosophie es tun, auch wenn manche Antworten sich ziemlich weit von den Ursprungsfragen entfernen können. Der Philosophie kann sich daher keiner entziehen, da jeder zu solchen Fragen schon eine Haltung einnimmt, auch wenn er sich dessen gar nicht wirklich bewusst ist und noch gar nicht darüber nachgedacht hat.

Die Philosophie versucht diese Fragen und die möglichen Antworten zu klären und zu rechtfertigen. Immanuel Kant fasste das Anliegen der Philosophie in drei Grundfragen zusammen: Was kann ich wissen? Was soll ich tun? Was darf ich hoffen? Er formuliert die Fragen in der Ich-Form, um deutlich auszudrücken, dass es die Fragen von uns allen sind.

Sie könnten mir jetzt zustimmen und dann trotzdem einwenden, dass diese Fragen doch schon anderweitig abgedeckt sind. Sind das nicht die gleichen Fragen, mit denen die Religion sich befasst? Und wenn jemand mit Religion nichts zu haben will, dann wird er sich die Antworten bei den Wissenschaften holen. Und wenn es um das Selbstdenken geht, da haben wir doch schon unseren gesunden Menschenverstand. Wozu also brauchen wird dann noch die Philosophie?

Beginnen Sie mit der Religion. Es stimmt, dass die Religion sich ebenfalls mit den Fragen nach Sinn, Wahrheit und Moral befasst. Doch ist die Herangehensweise völlig verschieden. Die Religion gibt Ihnen nämlich Antworten, wo die Philosophie nur Fragen anbietet. Das ist doch großartig, könnten Sie sagen, wer will denn keine Antworten auf seine Fragen bekommen? Aber diese Antworten kommen als Offenbarungen und Gebote daher. Religionen verlangen Ihren Glauben. Natürlich überschneiden sich Religion und Philosophie, und es wird auch innerhalb von Religionen und innerhalb der Theologie philosophiert, aber nur in einem streng umgrenzten Rahmen. Es gibt Fragen, die Sie in den meisten Religionen nicht stellen dürfen. Und Gott als letzte Antwort steht von Anfang an fest.

Es gibt einen schönen Witz, der das Verhältnis von Religion und Philosophie veranschaulicht. Ein Philosoph ist ein Mensch, der in einem dunklen Raum nach einer schwarzen Katze sucht, die sich gar nicht in dem Zimmer befindet. Der Theologe tut das Gleiche, mit dem Unterschied, dass er plötzlich ruft: Ich hab sie!

Sehr oft finden Sie bei Philosophen eine religionskritische Einstellung, denn das Anliegen der Philosophie besteht darin, die Antworten auf die Frage nach der Wahrheit und nach dem Guten allein mit den Mitteln der menschlichen Vernunft zu finden, allein auf dem Weg des Selbstdenkens.

Aber das tun doch auch die Wissenschaften, wobei Sie hier in der Hauptsache an die Naturwissenschaften denken werden. Die Wissenschaften erklären die Gesetze der Natur, sowie die Entstehung und das Verhalten des Menschen. Viele Illusionen, die Philosophen sich einst gemacht haben, wurden von den Wissenschaften aufgeklärt. Und viele heute noch offene Fragen werden noch aufgeklärt werden. Wozu also brauchen Sie noch die Philosophie?

Das Verhältnis der Philosophie zu den einzelnen Wissenschaften ist ein familiäres, mit allen Spannungen wie sie in Familien vorkommen. Ursprünglich gab es nämlich nur die Philosophie, und es waren die Philosophen, die die Gesetze der Mathematik und der Astronomie, die Grundlagen des Lebens und die Geheimnisse der Psyche entdeckten. Die Philosophie ist die Mutter aller Wissenschaften und im Laufe der Jahrhunderte wurden ihre Kinder eines nach dem anderen selbständig und begannen auf eigene Rechnung zu forschen und zu theoretisieren. Zuerst waren es die Mathematik und die Physik, dann folgten Chemie und Biologie, und schließlich die ganzen Geistes- und Gesellschaftswissenschaften wie die Philologien, die Geschichtswissenschaft, die Soziologie, die Psychologie, die Politikwissenschaft und die Pädagogik. Bei fast allen Einzelwissenschaften stehen Philosophen am Anfang, oder besser gesagt: Denker, die Philosophen und Wissenschaftler zugleich waren.

Die Philosophie hat eine sehr lange Geschichte hinter sich und sie hat schon vieles durchgemacht. Sie war die Dienerin der Theologie und sie war die Königin der Wissenschaften. Heute ist sie eher eine verlassene alte Tante, aber sie hat nichts von ihrem Stolz verloren.

Es stimmt, dass die Wissenschaften die Bereiche der Natur und der Gesellschaft systematisch erforschen, doch jede Wissenschaft erforscht ein bestimmtes Gebiet und sie erforscht es nach methodischen Voraannahmen, die sie selbst nicht mehr in Frage stellt. So wie die Religion unbezweifelbare Dogmen hat, so haben die Wissenschaften Axiome, die ihre Voraussetzung bilden und selbst nicht mehr hinterfragt werden. Sollten diese Axiome oder Paradigmen zum Problem werden, dann verschmelzen Philosophie und Wissenschaft wieder. Die gemeinsame Stelle, an der sie verbunden sind, ist die Wissenschaftstheorie, eine philosophische Disziplin innerhalb der Erkenntnistheorie, die sich mit den Möglichkeiten und Voraussetzungen von Wissenschaft befasst.

Die unterschiedliche Herangehensweise von Wissenschaften und Philosophie an die Wirklichkeit möchte ich Ihnen ebenfalls anhand eines kleinen Witzes veranschaulichen: Ein Ingenieur, ein Physiker, ein Mathematiker und ein Philosoph machen eine Wanderung durch die schottischen Berge. Da sehen sie auf einem gegenüberliegenden Hügel eine schwarze Kuh. „Seht mal", ruft der Ingenieur, „in Schottland sind die Kühe schwarz." „Zumindest einige Kühe" verbessert ihn der Physiker und der Mathematiker ergänzt: „Zumindest eine." Doch der Philosoph fügt hinzu: „Zumindest von einer Seite."

An dieser kleinen Anekdote wird ein Zug der Philosophie deutlich, der oftmals Kopfschütteln auslöst. Denn die Philosophie hat die Tendenz, Fragestellungen auf die Spitze zu treiben, und sie hat dabei auch keine Scheu bis ins Absurde vorzudringen. Hierin unterscheidet sich die Philosophie fundamental vom gesunden Menschenverstand. „Wir sind nicht verrückt, wir philosophieren bloß", so lässt Ludwig Wittgenstein an einer Stelle einen Philosophen auf die Irritation eines Zuhörers antworten.

Der gesunde Menschenverstand lässt sich angeblich nichts vormachen, er tritt mit dem Anspruch an, ebenfalls eine Form des Selbstdenkens zu sein. Und dennoch widersprechen sich Philosophie und gesunder Menschenverstand sehr oft. Woran liegt das? Es liegt daran, dass der Philosoph mit seinem Fragen nicht aufhört. Wo der

Vertreter des gesunden Menschenverstandes eine Phrase, eine Theorie oder eine Zumutung einmal in Frage stellt und zurechtrückt, fragt der Philosoph weiter, und wenn er eine Antwort bekommt, fragt er wieder weiter. Der Philosoph verlangt Begründungen und dann wieder Gründe für die Begründung. Und seien Sie versichert, der hört nicht auf. Der gesunde Menschenverstand ist mit einer pragmatischen Lösung zufrieden und will dann wieder zu den angeblich wichtigeren Dingen des Daseins übergehen. Deshalb ist der Philosoph oft genug ein Ärgernis für ihn.

Machen Sie mal einen Versuch, diskutieren Sie über eine grundsätzliche Frage, über die Grenzen der Erkenntnis oder über ein moralisches Grundsatzproblem, und stellen Sie jedes Ergebnis wieder in Frage, indem Sie es weiter aufspalten, oder indem Sie verborgene Voraussetzungen feststellen. Früher oder später werden die meisten Menschen genug haben und die Argumentation abbrechen. Irgendwann erreichen sie eine Ebene, die sie nicht mehr bereit sind in Frage zu stellen, die einen früher, die anderen später. Sie können das die Basta-Grenze nennen. Philosophen haben keine solche Grenze, sondern sind bereit, alles in Frage zu stellen, mit besonderer Vorliebe die eigenen Grundlagen.

Dies hat zur Folge, dass in der Philosophie praktisch alles kontrovers ist, selbst die Frage, was Philosophie überhaupt ist. Es gibt über so gut wie nichts eine verbindliche Einigkeit. Ist die Philosophie also ein nutzloses Unterfangen? In gewisser Weise ist sie das. Nämlich dann, wenn Sie mit Nutzen irgendeinen praktischen und verwertbaren Nutzen meinen. Finanziell oder ökonomisch zahlt Philosophie sich nicht aus, sie bringt eher Verunsicherung hervor. Aber eine fruchtbare Verunsicherung. Denn Philosophie ist das Gegenteil von Selbstzufriedenheit.

Indem sie uns immer wieder dazu bringt, die eigenen Grundlagen zu überdenken, und auch scheinbar sichere Meinungen erschüttert, kann sie Klarheit erzeugen und uns aus gedanklichen Sackgassen herausführen. Die Philosophie kann uns dazu bringen, eine Theorie oder ein Problem mit anderen Augen oder aus einem anderen Blickwinkel zu sehen, und sie kann uns helfen, unsere eigenen Gedanken besser zu verstehen.

Ein solches Klären von Begriffen ist ein wesentliches Ergebnis des Philosophierens. Viele Streitfragen, egal ob in den Wissenschaften, in der Politik oder im öffentlichen Raum, beruhen darauf, dass die Beteiligten jeweils etwas anderes meinen, oder Begriffe unterschiedlich verstehen. Daraus resultieren Missverständnisse und Unterstellungen. Die Philosophie wird in den seltensten Fällen eine Lösung anbieten können, aber ihre Methoden können dazu beitragen, dass die Verwendung von Begriffen abgegrenzt und definiert werden kann, oder dass verborgene Voraussetzungen einer Position entdeckt werden. Oft wissen die Menschen leider gar nicht, worüber sie eigentlich streiten. Auf diese Weise wird vielleicht nicht der Streit entschieden, aber es wird zumindest deutlich, aufgrund welcher unterschiedlichen Voraussetzungen er besteht. Das muss nicht zwangsläufig zu einer Einigung führen, aber es kann doch zumindest deutlich machen, an welchem Punkt die Meinungen wirklich auseinander gehen. Und das ist doch schon eine ganze Menge.

Die Philosophie beginnt mit dem Staunen, sagt Platon, aber nicht mit dem Staunen über großartige Phänomene, über Wunder oder über die Größe des Universums. Es ist die Verwunderung über Selbstverständlichkeiten, bei denen die Philosophie ihren Anfang nimmt. Wahrscheinlich ist es ein Hauptkennzeichen des Philosophen, dass er das Selbstverständliche eben nicht als selbstverständlich nehmen kann, dass er da einhakt, wo die meisten Menschen überhaupt nichts Bemerkenswertes finden. Deshalb setzen philosophische Erwägungen auch so oft bei ganz alltäglichen Erscheinungen an. Die Philosophie erfordert gewissermaßen ein Sehen mit dem zweiten Blick.

Grundsätzlich wird die Philosophie seit Aristoteles in eine Theoretische und eine Praktische Philosophie eingeteilt. Die Theoretische Philosophie leitet sich ab vom griechischen *theoria*, was wörtlich mit „Schau" übersetzt wird. Die Theoretische Philosophie will herausfinden, was ist, sie will die Gründe und Gesetze des Seins erkennen.

Dabei verhält sie sich passiv und aufnehmend. Die Praktische Philosophie dagegen, die sich vom griechischen *praxis* herleitet, was „Handlung" bedeutet, befasst sich mit dem, was nicht oder noch nicht ist, was aber sein soll. Sie ist insofern aktiv, als sie Empfehlungen und Regeln aufstellt, wie Menschen handeln sollen. Philosophie will uns also keineswegs von Handeln abhalten, sondern sie will uns zu begründetem und damit verantwortungsvollem Handeln führen.

Dieses Buch gibt Ihnen einen Überblick über die Disziplinen und die wichtigsten Themen der Philosophie. Ich orientiere mich bei der Gliederung an den gängigen Disziplinen, wie Logik, Metaphysik und Erkenntnistheorie, welche die Theoretische Philosophie ausmachen, sowie der Ethik, dem Hauptgebiet der Praktischen Philosophie. In der Logik werden die grundlegenden Denkgesetze aufgestellt und es geht darum, Widersprüche in Argumentationen zu vermeiden. Die Metaphysik fragt nach den Grundstrukturen der Welt und alles Seienden. Die Erkenntnistheorie untersucht, wie wir überhaupt zu Wissen gelangen, und durch welche Kriterien wir wissen, dass die Erkenntnis gültig ist. Die noch jungen Disziplinen der Sprachphilosophie und der Philosophie des Geistes fragen danach, inwiefern alle Erkenntnis von Sprache abhängt und was wir uns unter dem menschlichen Geist vorstellen sollen. Die Ethik erforscht die Bedingungen und Gesetze der Moral und fragt als normative Ethik nach dem richtigen Handeln. Aus ihr entspringt die Politische Philosophie, die sich damit befasst, wie die Menschen ihr Zusammenleben gestalten sollen.

1.2. Die Rolle der Philosophiegeschichte

Auch wenn Sie an die Philosophie systematisch und nach Disziplinen geordnet herangehen, kommen Sie nicht an der Philosophiegeschichte vorbei. Eine wirkliche Trennung ist in der Philosophie gar nicht möglich. Bei den meisten Wissenschaften, vor allem bei den Naturwissenschaften, ist die Geschichte des jeweiligen Faches ein nettes Beiwerk. Man sollte ein wenig darüber Bescheid wissen, für den Wissenschaftsbetrieb ist das jedoch nicht unbedingt erforderlich, da die Geschichte nur Vorgeschichte ist. Die Ergebnisse der Vergangenheit sind längst überholt und bieten eher Stoff für Anekdoten.

In der Philosophie ist das nicht so. Hier bleibt die Geschichte immer gegenwärtig. Die Probleme der Philosophiegeschichte sind auch nicht wirklich abgeschlossen, sondern verändern nur ihre Gestalt. Systematische Philosophie ohne Einbeziehen der Philosophiegeschichte wäre eine sehr blutleere und gezwungene Angelegenheit. Die Beschäftigung mit der Philosophiegeschichte erweitert zudem ihren Horizont und liefert Ihnen allererst viele Anregungen und Gedanken, auf die Sie von alleine wahrscheinlich gar nicht gekommen wären.

Wenn Sie sich mit der Philosophie näher befassen, werden Sie sehr schnell feststellen, dass alles mit allem zusammenhängt. Ganz gleich, wo auch immer Sie in die Philosophie einsteigen, Sie stoßen sehr schnell auf eine ganze Reihe von Abhängigkeiten und gelangen von einer Hypothese oder Theorie zu vielen anderen, von denen sie beeinflusst sind. Das kann einen Anfänger durchaus frustrieren.

Denn im Grunde können Sie die ganze Philosophie als ein einziges großes Gespräch über Zeiten und Generationen hinweg betrachten. Doch lassen Sie sich nicht entmutigen. Viele vor Ihnen haben schon einen Zugang zur Philosophie gefunden und dadurch eine persönliche Bereicherung erfahren. Nehmen Sie sich nicht zu viel vor, sondern versuchen Sie lieber ein einzelnes Problem, eine Theorie oder eine Argumentation nachzuvollziehen und zu verstehen. Ich werde Ihnen in diesem Buch immer angeben, welche Philosophen bestimmte Thesen vertreten haben, und ich werde Ihnen sagen, in welchen Büchern Sie diese Thesen finden. Soweit es der Rahmen einer solchen Einführung zulässt, werde ich Ihnen auch immer verschiedene Blickwinkel zu einem Thema anbieten, da Einigkeit innerhalb der Philosophie nur sehr selten zu finden ist. Wenn Ihnen jemand die Philosophie schlechthin präsentiert, dann können Sie sicher sein, dass es nur eine bestimmte Theorie ist.

Der Ursprung der Philosophie liegt in Griechenland, und die entscheidenden Denker sind Platon (427–347 v. Chr.) und Aristoteles (384–324 v. Chr.), bei denen die Weichen für die Zukunft gestellt und viele Begriffe geprägt werden, mit denen die Philosophie noch heute arbeitet. Deshalb ist auch für eine systematische Behandlung der Philosophie die Auseinandersetzung mit Platon und Aristoteles unabdingbar. Sie werden den beiden im Verlauf dieses Buches immer wieder begegnen.

Platon stellte seine Philosophie in Form von Dialogen vor, in denen meist Sokrates die Hauptrolle spielt. In diesen platonischen Dialogen werden im Grunde alle Themen der Philosophie schon diskutiert, was den englischen Philosophen Alfred North Whitehead (1861–1947) zu der ironischen Einschätzung brachte, dass die ganze Philosophiegeschichte nur aus Fußnoten zu Platon bestehe. Platons Schüler und Widersacher Aristoteles war es dann, der die Philosophie in Disziplinen einteilte und die ersten Lehrbücher schrieb. Aristoteles ist der Stammvater aller wichtigen Disziplinen der Philosophie. Viele seiner Bücher heißen so, wie die philosophischen und wissenschaftlichen Disziplinen, die nach ihnen benannt sind: Metaphysik, Physik, Politik, (Nikomachische) Ethik, Rhetorik und so weiter.

Die für uns heute wichtigste Zäsur in der Philosophiegeschichte finden Sie am Beginn der Neuzeit. Für sie steht exemplarisch der Name von René Descartes (1596-1650). Hier findet eine Umorientierung der Philosophie statt, die ihren Abschluss bei Immanuel Kant (1724–1804) findet. Descartes und Kant haben eine ähnlich prägende Stellung wie Platon und Aristoteles. Diese vier Klassiker sind ein Muss, dem Sie bei der Beschäftigung mit Philosophie nicht aus dem Weg gehen können. Im 19. Jahrhundert spaltet die Philosophie sich immer mehr auf und beginnt unübersichtlich zu werden. Nicht selten bestreiten Philosophen oder philosophische Richtungen jetzt einander sogar, überhaupt richtige Philosophen zu sein.

Wenn Sie sich näher mit der Geschichte der Philosophie befassen wollen, so möchte ich Sie auf mein Buch „Die Welt der Philosophen – Eine Reise durch die Geschichte der Philosophie" verweisen, wo Sie einen Überblick über die wichtigsten Stationen der Philosophiegeschichte von der Antike bis ins 20. Jahrhundert finden.

2. Logik: Die Grundlagen des Denkens

2.1. Von Schlüssen und Syllogismen

Der Logik eilt ein schlechter Ruf voraus. Viele Studenten der Philosophie fürchten sich sogar vor ihr, denn sie ist unter den philosophischen Disziplinen das, was die Mathematik unter den Schulfächern ist. Die Logik ist unerbittlich, streng und abstrakt. Wie tief Sie in die Logik einsteigen, das mögen Sie selbst entscheiden, und es gibt viele Menschen, denen Logik sogar Spaß macht. Doch selbst wenn Sie um Mathematik und Logik lieber einen Bogen machen, sollten Sie sich zumindest mit den Grundzügen dieser Disziplin befassen, denn die Gesetze der Logik gelten auch in den anderen Disziplinen der Philosophie. Mehr als einen kleinen Einblick will ich Ihnen hier auch gar nicht geben.

Beginnen Sie mit einem ganz alltäglichen Beispiel. Wenn Sie jemandem sagen, der nächsten Zug aus München trifft um 15.00 Uhr ein, und in diesem Zug sitzt Peter Wurlitz, und der andere fragt dann: „Also kommt Peter Wurlitz um 15.00 Uhr?", so werden Sie vielleicht antworten: Das ist doch logisch. Wenn der Zug um 15.00 Uhr ankommt und wenn Peter Wurlitz in diesem Zug sitzt, dann kommt Peter Wurlitz um 15.00 Uhr an. Es kann gar nicht anders sein, vorausgesetzt, dass die beiden Bedingungen stimmen. Wenn zwar der Zug um 15.00 Uhr ankommt, Peter Wurlitz aber nicht im Zug sitzt, dann kommt er natürlich nicht um 15.00 Uhr an. Und wenn Peter Wurlitz zwar im Zug sitzt, der Zug aber nicht um 15.00 Uhr, sondern erst um 15.30 Uhr ankommt, dann kommt Peter Wurlitz auch nicht um 15.00 Uhr an, sondern eben erst um 15.30 Uhr. Das ist ebenfalls logisch.

Der Satz mit dem Zug und mit Peter Wurlitz ist ein Schluss. Wenn bestimmte Bedingungen gelten, dann gilt etwas anderes, das daraus folgt, ebenfalls. Damit haben Sie das Wesen der Logik erfasst. Die Logik hat es mit Beziehungen und Abhängigkeiten zwischen Sätzen zu tun. Und die Ergebnisse der Logik sind unbedingt wahr. Logisch.

Die Gesetze der Logik sind eine Voraussetzung, damit wir uns sinnvoll unterhalten und überhaupt sinnvolle Gedanken fassen können. Wenn ich Ihnen zuerst sagte, Peter Wurlitz käme um 15.00 Uhr mit dem Zug, und fünf Minuten später, er käme um 15.30 Uhr mit dem Auto, und auf Ihre Frage, ob er also nicht mit dem Zug käme, antwortete, doch er käme mit den Zug, dann würden Sie mich irgendwann für verrückt erklären und die Unterhaltung beenden, da ich mir ständig wiederspräche.

Der erste Philosoph, der die Gesetze der Logik systematisch untersucht hat, war Aristoteles. Er bestimmte die Logik als die Lehre vom richtigen Schließen. Aus zwei Sätzen folgt ein Ergebnis, das auf jeden Fall wahr ist. Zur Erkenntnis dieser Wahrheit brauchen Sie kein zusätzliches Wissen, die logische Wahrheit ergibt sich einzig und allein aus den beiden Sätzen, wie in diesem klassischen Beispiel:

Alle Menschen sind sterblich.
Sokrates ist ein Mensch.
Also ist Sokrates sterblich.

Die ersten beiden Sätze bezeichnet man als Prämissen, der dritte Satz ist die Konklusion. Diese Konklusion enthält keine Informationen, die nicht schon in den Prämissen ausgesagt würden, sie fügt kein zusätzliches Wissen hinzu, sondern sie zieht aus den Prämissen einen Schluss. Der Schluss ist eine Folgerung. Und diese Folgerung ist immer wahr. Immer. Sie können den Inhalt des Beispiels auch abändern, statt Menschen können Sie Griechen oder Engländer oder auch Bademeister einsetzen, ebenso können sie die Eigenschaft sterblich zu sein oder den Namen Sokrates ändern. Was Sie einsetzen, ist dabei völlig beliebig, wie Sie am folgenden Beispiel sehen können:

Alle Griechen haben Flügel.
Goethe ist ein Grieche.
Also hat Goethe Flügel.

Dieser Satz ist falsch, werden Sie sagen. Goethe hatte keine Flügel, überhaupt kein Mensch hat Flügel, und außerdem war Goethe kein Grieche. Damit haben Sie zwar Recht, trotzdem ist der Schluss korrekt und logisch wahr. Denn dieser Satz behauptet ja nicht als Tatsache, dass Goethe Flügel hat, er behauptet, dass Goethe dann Flügel hat, wenn alle Griechen Flügel haben und wenn Goethe ein Grieche ist.

Die logische Wahrheit ergibt sich allein aus der Beziehung zwischen den Sätzen, wie diese Sätze inhaltlich gefüllt werden, ist dabei gleichgültig. Selbst der Satz „Wenn alle Mäuse Krawatten tragen und Mickey ein Maus ist, dann trägt Mickey eine Krawatte", ist ein logisch richtiger Schluss. Inhaltlich ist dieser Satz hanebüchener Unsinn, aber er ist ein logisch korrekter Schluss.

In der Logik kommt es also gar nicht auf den Inhalt von Sätzen an. Dies erkannten auch die alten Griechen schon, deshalb sagt Aristoteles, dass man vom Inhalt der Sätze absehen kann. Es kommt nur auf die Form an. Statt von Sokrates oder Mäusen zu sprechen, können Sie auch Platzhalter, beziehungsweise Variablen, verwenden.

Alle A sind B.
C ist ein A.
Also ist C ein B.

Für A, B und C können Sie einsetzen, was immer Sie wollen, es kommt jedes Mal ein logisch korrekter Schluss heraus. Die Sätze um die es hier geht, sind immer Aussagesätze, oder einfach Aussagen. Mit Fragen oder Befehlen funktioniert die Logik nicht. Aus einer Frage oder einem Befehl folgt nichts, zumindest kein logischer Schluss.

Die Logik des Aristoteles nennt man Syllogistik, was einfach Lehre vom Schluss bedeutet. Sie haben bisher in allen Beispielen immer die gleiche Schlussform verwendet. Sie haben nämlich immer allgemein bejahende Aussagen zugrunde gelegt. Es gibt aber noch andere Aussageformen. Aristoteles unterscheidet vier Arten von Aussagen:

1. Allgemein bejahende Aussagen: Alle S sind P
2. Allgemein verneinende Aussagen: Kein S ist P
3. Partikulär bejahende Aussagen: Einige S sind P
4. Partikulär verneinende Aussagen: Einige S sind nicht P

Die Platzhalter S und P stehen hier für Subjekt und Prädikat. Aristoteles spricht davon, dass P allen oder einigen S zukommt oder nicht zukommt. Um es etwas anschaulicher zu machen, will ich Ihnen für jede Aussageform ein Beispiel geben:

1. Alle Menschen sind sterblich.
2. Kein Mensch hat Flügel.
3. Einige Menschen sind Griechen.
4. Einige Menschen sind nicht männlich.

Die vier Aussageformen sind beliebig miteinander zu kombinieren, wobei in einem Schluss immer drei Sätze vorkommen, zwei Prämissen und eine Konklusion. Es ergeben sich daraus insgesamt 256 mögliche Schlussformen. Sie können das gerne nachrechnen, es stimmt. Aristoteles listete alle diese Schlussformen der Reihe nach auf und schuf damit für die folgenden 2000 Jahre das Modell der Logik. In der mittelalterlichen Scholastik gab man jeder Schlussform einen sprechenden Namen, um sich mit dem Lernen leichter zu tun. Die Schlussform mit dem sterblichen Sokrates im obigen Beispiel erhielt den Namen *Barbara*.

Die klassische Logik enthielt einige unumstößliche Grundsätze, deren bekanntester der Satz vom ausgeschlossenen Dritten ist: *Tertium non datur*. Es gibt keine dritte Möglichkeit zwischen Wahrheit und Falschheit einer Aussage. Genauso grundlegend ist der Satz vom ausgeschlossenen Widerspruch: Es ist unmöglich, dass ein und demselben Seienden zum gleichen Zeitpunkt eine Bestimmung zukommt und nicht zukommt.

2.2. Aussagenlogik

Bis zum Ende des 19. Jahrhunderts gab es kaum Änderungen am System der Logik, doch dann begann eine Revolution. Die Logik wurde von Grund auf neu gestaltet und zwar im Zusammenhang mit einer Grundlagenkrise der Mathematik. Die wichtigsten Begründer dieser modernen Logik sind Gottlob Frege (1848-1925) und Bertrand Russell (1872-1970).

Was die moderne Logik für den Laien so abschreckend macht, ist ihre fast ausschließliche Verwendung von Formeln. Man spricht daher auch von formaler Logik. Der Inhalt eines Schlusses spielt für seine Richtigkeit keine Rolle, das war schon in der Syllogistik so, doch die moderne Aussagenlogik macht wirklich ernst damit. Sie orientiert sich von vornherein an der Mathematik und nicht an der Umgangssprache.

Die erste Stufe der formalen Logik ist die Aussagenlogik. Hier geht es, wie der Name schon sagt, um die Beziehungen zwischen Aussagen. Es werden nicht Aussagen selbst untersucht, sondern die Abhängigkeiten, die zwischen verschiedenen Aussagen bestehen. Da der Inhalt einer Aussage keine Rolle spielt, werden die Aussagen mit einem einzigen Buchstaben dargestellt. Die Aussage „Peter ist ein Mann“ sieht in aussagenlogischer Schreibweise einfach so aus: „p“.

Der Sinn dieses Verfahrens wird Ihnen dann einleuchten, wenn Sie Aussagen in Beziehung zu anderen setzen. Nehmen Sie zum Beispiel den Satz „Peter ist eine Frau“ und nennen Sie ihn „q“. Jetzt verbinden Sie beide Aussagen und erhalten: „Peter ist ein Mann oder er ist eine Frau“. Geschrieben wird das: p v q.

Wenn Sie mit Hilfe dieser formalisierten Aussagen einen Schluss bilden, dann wird Ihnen das Verfahren noch mehr einleuchten. Wie im folgenden Beispiel:

Peter ist ein Mann oder eine Frau.
Peter ist keine Frau.
Also ist Peter ein Mann.

Aussagenlogisch schreiben Sie:
p v q (p oder q)
¬ q (nicht q)
→ p (also p)

In der Aussagenlogik geht es nur darum, was die Gültigkeit bestimmter Sätze für andere Sätze bedeutet, wenn bestimmte Bedingungen erfüllt sind. Die Buchstaben p und q stehen hier jeweils für ganze Sätze. Die Gültigkeit der Gesamtaussagen beruht einzig auf den Verknüpfungen, den sogenannten Junktoren.

Logische Junktoren

Die Zahl der Junktoren zur Verknüpfung von Aussagen ist einigermaßen überschaubar. Die wichtigsten Junktoren möchte ich Ihnen im Folgenden kurz vorstellen.

Die einfachste Verbindung haben Sie im obigen Beispiel schon kennengelernt, es ist die Negation. Dabei handelt es sich um eine Verneinung. In der Aussagenlogik wird dies mit dem Zeichen ¬ dargestellt. Der Satz „Peter ist keine Frau" wird formalogisch so geschrieben: ¬ q

Eine echte Verbindung zwischen Aussagen stellt die Konjunktion her. Sie bedeutet „und" und wird formallogisch mit dem Zeichen ^ abgebildet. Bei einer Aussage, die eine Konjunktion ausdrückt, müssen alle Teilsätze zutreffen, damit die gesamte Aussage wahr ist, wie zum Beispiel in dem Satz: „Peter ist ein Mann und keine Frau": p ^ ¬q

Anders verhält es sich bei der Disjunktion, die „oder" bedeutet, und als v geschrieben wird. Hier genügt es, dass mindestens einer der Teilsätze der Aussage zutrifft, wie in „Peter ist ein Mann oder eine Frau": p v q

Falls Sie sich schon einmal mit Programmiersprachen befasst haben, werden Sie feststellen, dass die gleichen Junktoren wie in der Logik auch in der Informatik beim Erstellen von Programmen verwendet werden. Die Operatoren UND, ODER und NICHT bilden

den Grundbestand einer Programmiersprache. Auch den nächsten Junktor finden Sie in der Informatik, nämlich die WENN-DANN-Beziehung. Programmiersprachen sind also direkt auf die Logik aufgebaut.

Die Subjunktion, auch Implikation genannt, stellt eine Abhängigkeit zwischen Teilaussagen dar, die als Wenn-Dann-Beziehung ausgedrückt wird. Sie wird mit einem Pfeil dargestellt (→). Ein Beispiel, das in Philosophiekursen gerne verwendet wird, ist der Satz: „Wenn es regnet, dann wird die Straße nass". Als formaler Schluss geschrieben sieht dieser Satz so aus: $p \rightarrow q$. Die Subjunktion ist die häufigste Form des logischen Schließens.

Man verwendet zwar umgangssprachlich meist eine Formulierung der Form „wenn – dann", es handelt sich hier aber um eine rein logische Beziehung. Das Bestehen des einen Sachverhalts wird in Beziehung zum anderen gesetzt, und zwar so, dass sein Bestehen ausreicht, um den anderen Sachverhalt zu erklären. Sie dürfen das nicht automatisch im Sinne einer kausalen Ursachenverknüpfung verstehen, die ist nur ein Sonderfall. Die Subjunktion drückt ganz allgemein eine Bedingung aus. Doch Bedingung ist nicht gleich Bedingung. Im vorliegenden Fall handelt es sich um eine hinreichende Bedingung. Der Gegenbegriff dazu ist die notwendige Bedingung. Bevor ich Ihnen diesen Begriff erkläre, will ich Ihnen zur Verdeutlichung noch einen weiteren Junktor vorstellen: die Replikation.

Die Replikation wird durch einen Pfeil in umgekehrter Richtung dargestellt (←), und wird ebenfalls mit einer Wenn-Dann-Formulierung ausgedrückt. Im Unterschied zur Subjunktion bezeichnet die Replikation eine notwendige Bedingung.

Notwendige und hinreichende Bedingung

Was hat es mit dieser Unterscheidung von notwendiger und hinreichender Bedingung auf sich? Zunächst sollten Sie sich klar machen, dass diese Unterscheidung in der Alltagssprache meist nicht gemacht wird. Dennoch handelt es sich dabei nicht um eine Spitzfindigkeit, sondern um eine sachlich ganz objektive Unterscheidung, die verschiedene Arten von Abhängigkeiten zur Folge hat. Eine Verwechslung kann hier zu völlig falschen Theorien führen.

Beginnen Sie mit der hinreichenden Bedingung. Sie haben oben bereits ein klassisches Beispiel kennengelernt: „Wenn es regnet wird die Straße nass." Der Regen ist also eine hinreichende Bedingung dafür, dass die Straße nass wird. Wenn Sie den Begriff „hinreichend" wörtlich nehmen, dann bedeutet dies, dass ein Regen völlig hinreichend ist, die Straße nass zu machen. Er reicht aus, Sie brauchen keine zusätzlichen Bedingungen oder Voraussetzungen mehr.

Eine hinreichende Bedingung hat die Erfüllung des fraglichen Sachverhalts auf jeden Fall zur Folge, das heißt, wenn es regnet, wird die Straße auf jeden Fall nass. Der Regen ist aber nicht notwendig, damit die Straße nass wird, denn dieser Sachverhalt kann auch durch eine andere Bedingung erreicht werden. Die Straße kann nämlich auch deshalb nass sein, weil ein Fahrzeug zur Straßenreinigung durchgefahren ist, oder weil jemand die Straße mit einem Schlauch bespritzt hat. Es muss nicht notwendig geregnet haben, deshalb ist die Bedingung nicht notwendig. Die Straße wird aber auf jeden Fall nass, wenn es regnet, deshalb ist die Bedingung hinreichend.

Was ist nun eine notwendige Bedingung im Unterschied zu einer hinreichenden? Eine notwendige Bedingung ist eine, die zwingend erfüllt sein muss, damit der Sachverhalt im Folgesatz bestehen kann. Ohne diese Bedingung kann der Sachverhalt nicht bestehen, er muss aber nicht zwingend eintreten. Ein klassisches Beispiel ist der Junggeselle. Um Junggeselle zu sein, müssen Sie notwendigerweise unverheiratet sein. Wenn Sie nicht unverheiratet sind, können Sie kein Junggeselle sein. Sie können aber sehr wohl unverheiratet sein, ohne automatisch ein Junggeselle sein zu müssen, sie könnten nämlich auch ein Knabe oder ein Witwer sein.

Eine hinreichende Bedingung reicht also aus, damit ein Ereignis eintritt, es kann aber auch aufgrund eines anderen Ereignisses eintreten. Eine notwendige Bedingung muss erfüllt sein, damit das Ereignis eintreten kann, es muss aber nicht eintreten.

Für logische Ableitungen gilt folgende Regel: Die Gültigkeit einer Aussage kann bewiesen werden, wenn das Bestehen einer hinreichenden Bedingung bewiesen ist. Besteht die hinreichende Bedingung nicht, folgt aber keineswegs die Ungültigkeit der Aussage. Umgekehrt kann aus dem Nichtgelten einer notwendigen Bedingung die Ungültigkeit einer Aussage bewiesen werden. Aus der Gültigkeit der notwendigen Bedingung folgt aber nicht die Gültigkeit der Aussage. Da dies doch ziemlich abstrakt ist, möchte ich Ihnen noch ein paar Beispiele zur Erläuterung anbieten.

P1: Wenn Peter Junggeselle ist, dann ist er unverheiratet.
P2: Peter ist Junggeselle
Also ist er unverheiratet

Die Eigenschaft Junggeselle zu sein, ist eine hinreichende Bedingung dafür, dass jemand unverheiratet ist (P1). Da die Bedingung gültig ist (P2), ist damit auch die Gültigkeit des Schlusses, dass Peter unverheiratet ist, bewiesen. Man nennt diese Schlussform einen *Modus Ponens*. Seine logische Form lautet:

P1: $A \rightarrow B$
P2: A
Also: B

Würde die hinreichende Bedingung P2 nicht gelten, dann würde daraus nicht folgen, dass Peter verheiratet wäre, denn er könnte statt eines Junggesellen ein Witwer oder ein Knabe sein und wäre deshalb trotzdem unverheiratet. Die Eigenschaft Witwer zu sein, wäre demnach eine andere, ebenfalls hinreichende Bedingung dafür, unverheiratet zu sein.

Nehmen Sie jetzt die zweite oben genannte Regel: Wenn eine notwendige Bedingung nicht gilt, ist die Ungültigkeit der Aussage bewiesen. Bleiben Sie beim gleichen Beispiel:

P1: Wenn Peter Junggeselle ist, dann ist er unverheiratet.
P2: Peter ist nicht unverheiratet
Also: Also ist er kein Junggeselle

Die Eigenschaft unverheiratet zu sein, ist eine notwendige Bedingung dafür, Junggeselle zu sein (P1). Ist diese Eigenschaft ungültig (P2), so kann der Betreffende auch kein Junggeselle sein. Man nennt diese Schlussform *Modus Tollens*. Seine logische Form lautet:

P1: $A \rightarrow B$
P2: $\neg B$
Also: $\neg A$

Die notwendige Bedingung des Unverheiratet-Seins hat aber nicht zwangsläufig zur Folge, dass jemand Junggeselle ist, da er eben auch Witwer oder Knabe sein könnte. Der Zusammenhang zwischen diesen beiden grundlegenden Schlussformen ist im verwendeten Beispiel folgender:

Wenn Peter Junggeselle ist (A), dann ist er unverheiratet (B)

Beim *Modus Ponens* wird die hinreichende Bedingung (A) bejaht, wodurch der Sachverhalt, für den die Bedingung hinreichend ist (B), bestehen muss. Beim *Modus Tollens* wird die notwendige Bedingung (B) verneint, wodurch der Sachverhalt, für den die Bedingung notwendig ist (A), nicht mehr bestehen kann.

Wahrheitstafeln

Wahrheitstafeln, auch Wahrheitstabellen genannt, dienen der Veranschaulichung von aussagenlogischen Beziehungen. Dieses Werkzeug wurde von Ludwig Wittgenstein (1889–1951) in die moderne Logik eingebracht. Mit ihrer Hilfe lassen sich alle jeweils möglichen Wahrheitswerte einer verknüpften Aussage überblicken. Man kann angeben, welche Wahrheitswerte die Einzelaussagen annehmen können, und was sich daraus für den Wahrheitswert der Gesamtaussage ergibt. Der Wahrheitswert kann jeweils „wahr“(W) oder „falsch“ (F) sein. Andere Möglichkeiten bestehen nicht. Es werden nun die Kombinationen aus den verschiedenen Wahrheitswerten für die jeweiligen Aussagen tabellarisch aufgeschrieben. Bei zwei Einzelaussagen ergeben sich vier Optionen, da jede Aussage, sowohl wahr als auch falsch sein kann.

Beginnen Sie mit der Konjunktion. Sie haben hier zwei Teilaussagen, die mit „und“ verknüpft sind. Jede der Teilaussagen kann sowohl wahr als auch falsch sein. Nehmen sie das Beispiel „Peter ist ein Mann und er ist Nichtraucher.“ Sind beide Teilsätze wahr, dann ist auch die gesamte Aussage wahr. Aber sie ist auch nur in diesen Fall wahr. Sollte Peter kein Mann, oder sollte er Raucher sein, dann ist die Gesamtaussage falsch. Eine Konjunktion erbringt nur dann den Wahrheitswert „wahr“, wenn alle Glieder der Konjunktion wahr sind, also alle Sätze, die mit „und“ verbunden sind.

In einer Wahrheitstafel werden die Sätze p (= Peter ist ein Mann) und q (= Peter ist Nichtraucher) nebeneinander geschrieben, gefolgt von der Aussage p ^ q (= Peter ist ein Mann und er ist Nichtraucher). Sie schreiben dann unter die einzelnen Glieder den jeweiligen Wahrheitswert der Teilaussage und sehen in der rechten Spalte, unter welchen Bedingungen die Aussage als Ganzes wahr ist. Bei der Konjunktion eben nur in der ersten Zeile, wenn beide Teilsätze wahr sind.

p	q	p ^ q
W	W	W
W	F	F
F	W	F
F	F	F

Anders verhält es sich bei der Disjunktion. Hier werden die Teilsätze mit dem Junktor „oder“ verknüpft, wie im Beispiel „Peter ist Grieche oder Deutscher“. Die Aussage ist wahr, wenn Peter Grieche und kein Deutscher ist, sie ist ebenso wahr, wenn er Deutscher und kein Grieche ist. Und selbst wenn er sowohl Grieche, als auch Deutscher ist, ist die Aussage wahr. Nur wenn beide Teilsätze falsch sind, ist die gesamte Aussage falsch.

p	q	p v q
W	W	W
W	F	W
F	W	W
F	F	F

Vielleicht stutzen Sie an dieser Stelle und wenden ein, dass jemand doch nicht gleichzeitig Grieche und Deutscher sein kann. Das ist aber sehr wohl möglich, weil er vielleicht eine doppelte Staatsbürgerschaft hat. Doch der Einwand ist berechtigt. Es gibt nämlich ganz logisch auch die Option, dass die Gesamtaussage falsch ist, wenn beide Einzelsätze wahr sind. Man sagt in diesem Fall umgangssprachlich zwar ebenfalls „oder", logisch korrekt müsste es aber heißen „entweder oder", wie in dem Satz „Peter ist im Mai geboren oder er ist im Juli geboren." Entweder stimmt das eine oder das andere, beides kann nicht zugleich wahr sein. Man nennt diesen Junktor Kontravalenz.

2.3. Prädikatenlogik und mehr

Die Aussagenlogik betrachtet nur die Beziehungen zwischen Aussagesätzen. Die Sätze selbst werden als Black Box behandelt, deren Inhalt keine Rolle spielt. Eben dies wird zum Thema der Prädikatenlogik, die die Aussagenlogik erweitert. Jetzt geht es um die innere Struktur der Aussagen. Der tatsächliche Bedeutungsinhalt spielt aber weiterhin keine Rolle. Auch die Prädikatenlogik ist eine formale Logik.

Der Satz „Alle Athener sind Griechen", der in der Aussagenlogik nur als „p" dargestellt wird, soll jetzt zergliedert werden. Er zerfällt in zwei Bestandteile, einen Teil, von dem etwas ausgesagt wird und ein Prädikat, das im Beispiel die Eigenschaft aussagt, Grieche zu sein. Deshalb heißt dieser Teil der Logik Prädikatenlogik. Lassen Sie sich aber von der Bezeichnung „Prädikat" nicht in die Irre führen. Auch wenn die Funktion auf den ersten Blick so ähnlich aussieht, handelt es sich bei diesem logischen Prädikat um etwas ganz anderes als beim grammatikalischen Prädikat.

Beim anderen Bestandteil „Alle Athener" interessiert in der Prädikatenlogik nicht der Inhalt, sondern die Einheit. Ob es sich bei den Elementen um Athener, Berliner oder Radfahrer handelt, ist völlig gleichgültig, es geht darum, wie viele Elemente es sind. Die Aussage könnte auch lauten: „Einige Athener sind Griechen" oder „Ein Athener ist Grieche". Man nennt diesen Bestandteil deshalb Quantor.

Ein Quantor, der eine Aussage über alle Elemente einer Menge macht, heißt All-Quantor. Daneben gibt es den Existenz-Quantor, der eine Aussage über ein Element der Menge macht, oder besser gesagt, über mindestens ein Element der Gesamtmenge. Ein Beispiel für einen Satz mit Existenz-Quantor wäre: „Mindestens ein Athener ist kein Grieche", oder in anderer Formulierung: „Es gibt mindestens einen Athener, der kein Grieche ist."

Die Prädikatenlogik erinnert Sie vielleicht an die Syllogistik. Die Syllogistik kann als ein Teil der Prädikatenlogik betrachtet werden, etwa so wie die euklidische Geometrie ein Teil der nichteuklidischen ist. Alle Aussagen der Syllogistik können auch in der Prädikatenlogik abgebildet werden, aber nicht alle Aussagen und Begriffe der Prädikatenlogik in der Syllogistik.

Aussagen werden in der Prädikatenlogik immer so umformuliert, dass die Existenz und die Menge ausdrücklich vorangestellt werden, und dass anschließend die Gültigkeit des Prädikats als Funktion dargestellt wird. Nehmen Sie als Beispiel den einfachen Satz: „Der Ball ist rot". Prädikatenlogisch wird dieser Satz folgendermaßen umformuliert:

Es gibt ein x, für das gilt: Es ist rot.

Für das x können Sie Ball einsetzen und das Rot-Sein schreiben Sie einfach als R, dann ergibt sich: R(x). Jetzt müssen noch die Quantoren formalisiert werden. Der Existenz-Quantor wird mit ∃ abgekürzt, der All-Quantor mit ∀. Der Satz „Der Ball ist rot" lautet demnach:

$\exists x\ R(x)$

Es existiert ein x für das gilt: es ist R.

Den Satz: „Alle Athener sind Griechen" können Sie folgendermaßen umformulieren: Für alle x gilt: Wenn x Athener ist, dann ist x Grieche. Schreiben Sie Athener als A und Grieche als G, dann lautet der Satz:

$\forall x\ (Ax \rightarrow Gx)$

Texte der Prädikatenlogik sehen meist nach höherer Mathematik aus, deshalb möchte ich es an dieser Stelle damit bewenden lassen. Wenn Sie tiefer in die Logik einsteigen wollen, finden Sie eine Vielzahl an einführender Literatur.

Aussagenlogik und Prädikatenlogik wurden immer unter der Voraussetzung betrachtet, dass die Aussagen wahr oder falsch sein können. Eine andere Möglichkeit war nicht vorgesehen. Man spricht deshalb von zweiwertiger Logik. Es ist ein binäres System, wie es auch der Computertechnik zugrunde liegt, denn statt „wahr" und „falsch" können sie aus „positiv" und „negativ" oder 1 und 0 sagen.

Tertium non datur, ein drittes gibt es nicht, sagt die traditionelle Logik. Das gilt jedoch nicht für die moderne Logik. In der sogenannten mehrwertigen Logik gibt es auch weitere Optionen, Sie können „wahr“ und „falsch“ zum Beispiel durch „unbestimmt“ als dritten Wahrheitswert ergänzen.

Doch damit ist die Logik noch nicht erschöpft. In der Modallogik werden nicht nur Aussagen über Tatsachen analysiert, sondern auch mögliche Sachverhalte. Hier werden Aussagen der Form „Es ist möglich, dass p“ oder „Es ist notwendig, dass p“ behandelt.

Auch der Bereich der Praktischen Philosophie wurde von der Logik erschlossen. Man nennt diese Teildisziplin deontische Logik. Hier geht es um die logischen Beziehungen von Normsätzen.

2.4. Fehlschlüsse und Sophismen

Logik ist keine Spielerei, sondern sie formuliert die grundlegendsten Gesetze des Denkens. Wenn Sie die Regeln der Logik nicht anerkennen, dann können wir jegliche Diskussion gleich zu Beginn wieder einstellen. Wenn Sie zum Beispiel behaupten, Sie seien 1965 geboren und fünf Minuten später erklären, Sie seien 1970 auf die Welt gekommen, dann werde ich zunächst vermuten, Sie hätten sich einmal versprochen. Sollten Sie trotzdem behaupten, dass beide Angaben korrekt wären, dann würde ich vielleicht glauben, Sie möchten eine Anekdote erzählen, und die Behörden hätten bei einem Ausweispapier einen Fehler gemacht. Ich würde also nach ganz besonderen Gründen suchen, die Ihre Angaben plausibel machen könnten. Aber wenn Sie felsenfest darauf bestehen würden, sowohl 1965 als auch 1970 geboren zu sein, käme ich wahrscheinlich zu dem Schluss, Sie wollten mich veralbern oder Sie seien vielleicht geisteskrank. Auf jeden Fall würde ich kein sachliches Gespräch mit Ihnen führen, sondern höchstens ein therapeutisches.

Einen so deutlichen Widerspruch werden Sie selten in einer Diskussion finden, aber versteckte Widersprüche, die durchaus gravierend sein können und dem Sprecher oftmals gar nicht bewusst sind, sehr wohl. Da behauptet jemand, dass alles auf der Welt ganz natürlich erklärbar sei, und liest anschließend sein Horoskop, um zu wissen, ob heute ein guter Tag für eine Reise sei. Da erzählt jemand, er lehne jede Art von Rauschmitteln kategorisch ab und verlangt etwas später nach einer Raucherpause. Sie kennen sicher solche Szenen.

Der größte Feind der Logik ist der Widerspruch. Denn wenn Sie Thesen gleichzeitig vertreten, die einander widersprechen, dann können wir in einer Argumentation zu keinem Ergebnis kommen. Alle Aussagen eines Gedankengangs oder einer Theorie müssen in sich konsistent sein. Für einen Philosophen ist es meist schlimmer, wenn Sie sich selbst wiedersprechen, als wenn Sie einfach etwas Falsches oder Unsinn behaupten würden.

Aber verstehen Sie das bitte nicht falsch, natürlich haben auch Philosophen Humor und natürlich kann Nonsense sehr unterhaltsam sein, jedoch befinden wir uns dann in einer ganz anderen Sprechsituation. Wenn wir einfach herumblödeln, Witze erzählen, oder auch wenn Sie Gedichte aufsagen, dann wäre es unangebracht, nach logischen Fehlern zu suchen.

Logische Schlüsse dienen dazu, Argumentationen stimmig zu machen. Zwar kann die Logik nichts über die Inhalte einer Diskussion oder einer These aussagen, aber sie kann sicherstellen, dass die logischen Regeln und Abhängigkeiten korrekt sind. Und das ist zumindest sehr hilfreich.

Die Logik kann auch dabei helfen Fehlschlüsse zu entdecken, die entweder aus Unachtsamkeit in eine Argumentation hineingeraten sind, oder die jemand absichtlich einsetzt, um seine Position zu stärken. Gerade in mündlichen Diskussionen, am besten noch vor Publikum, kann es Ihnen passieren, dass jemand Sie reinlegt, indem er Ihnen absichtlich eine logische Falle stellt. Man nennt solche absichtlichen Fehlschlüsse auch Sophismen, abgeleitet von den griechischen Sophisten, die gemeinhin als Inbegriff der philosophischen Trickser und Fallensteller gelten.

Im Folgenden gebe ich Ihnen ein paar Beispiele von häufigen Fehlschlüssen. Bereits in der Antike, besonders gern aber in der Scholastik, wurden Sammlungen solcher Argumentationsfiguren angelegt und sie erhielten in der Regel spezielle lateinische Namen, unter denen sie noch heute geführt werden.

Da gibt es zunächst sogenannte Scheinkausalitäten. Damit bezeichnet man Argumentationsfiguren, die zwar wie Schlüsse aussehen, aber keine sind, da eine unzulässige Verknüpfung zwischen den Prämissen gezogen wird. Zwei häufige Beispiele für Scheinkausalitäten sind der Fehlschluss der zeitlichen Ordnung (*post hoc ergo propter hoc*) und der Fehlschluss des gleichzeitigen Auftretens (*cum hoc ergo propter hoc*).

Im ersten Fall wird eine kausale Abhängigkeit zwischen zwei Ereignissen behauptet, nur weil sie nacheinander auftreten. Vom früheren Ereignis wird unterstellt, dass es die Ursache des späteren sei. Auf diesen Fehlschluss fallen vor allem abergläubische Menschen gern herein, zum Beispiel jemand der sagt, am Morgen sei ihm eine schwarze Katze über den Weg gelaufen und mittags habe er sich die Hand gebrochen, und zwar wegen der Katze.

Im zweiten Fall wird die kausale Abhängigkeit aufgrund des zeitlich gemeinsamen Auftretens unterstellt. Ein anschauliches Beispiel ist das von Klapperstorch:

P1: Im Frühjahr kehren die Störche nach Europa zurück.
P2: Im Frühjahr steigt in Europa die Geburtenzahl.
Also: Die Rückkehr der Störche verursacht eine Steigerung der Geburtenzahl.

Ein weiterer Fehlschluss ist das *argumentum ad ignorantiam.* Weil man keine natürliche Ursache benennen kann, muss es eine übernatürliche geben, etwa in dem Satz: „Niemand kann erklären, woher die Geräusche auf dem Dachboden kommen, also muss es ein Geist sein." Doch der Fehlschluss funktioniert auch in die andere Richtung: „Niemand hat jemals ein UFO gesehen, also gibt es keine."

Der nächste Fehlschluss ist besonders bei Streitgesprächen sehr beliebt. Es handelt sich um das *argumentum ad hominem.* Hier wird mit dem Vorwurf gegen eine Person, die Sache diskreditiert, die mit der

Person in Verbindung gebracht wird: „Doktor Schneider wurde wegen Steuerhinterziehung angeklagt, also ist er ein schlechter Zahnarzt." Es gibt sogar den Spezialfall eines *argumentum ad Hitlerum*. Eine Sache muss schlecht sein, weil Adolf Hitler sie vertrat: „Vegetarier sind böse, weil Hitler Vegetarier war."

Etwas subtiler sind die sogenannten Fehlschlüsse der Distribution. Ein solcher liegt vor, wenn ein Gattungsbegriff im gleichen Schluss einmal als Eigenschaft einer Gruppe, das andere Mal als Merkmal jedes Mitglieds der Gruppe verwendet wird. Hier ist ein Beispiel:

P1: Omnivoren (Allesfresser) essen Fleisch.
P2: Alle Menschen sind Omnivoren.
Also: Alle Menschen essen Fleisch.

Während sich die Konklusion auf jeden einzelnen lebenden Menschen bezieht, ist in der Prämisse 2 mit „Menschen" die biologische Gattung gemeint, ebenso wie in Prämisse 1 die Omnivoren als Gattung gemeint sind. Grundsätzlich können alle Omnivoren, ebenso wie alle Menschen als Teilmenge der Omnivoren, Fleisch essen. Dies muss jedoch nicht für alle Mitglieder der Gattung gelten. Für einen einzelnen Omnivoren gilt, dass er zu einer Gattung gehört, deren Angehörige Fleisch verdauen können. Es ist aber möglich, dass er noch nie Fleisch gegessen hat.

Ähnlich verhält es sich im folgenden Beispiel. Die Eigenschaft, Zweibeiner zu sein, gilt zwar für alle Menschen, in Prämisse 2 wird jedoch eine Aussage über eine Teilmenge der Zweibeiner getroffen.

P1: Alle Menschen sind Zweibeiner.
P2: Einige Zweibeiner sind Vögel.
Also: Einige Menschen sind Vögel.

Zum Abschluss möchte ich Sie nochmals zur notwendigen und zur hinreichenden Bedingung zurückführen, da aus der Nichtbeachtung dieses Unterschieds häufig Fehlschlüsse folgen, die auf den ersten Blick gar nicht auffallen.

P1: Wenn Peter fließend Englisch spricht dann versteht er das Wort *Mind*
P2: Peter spricht nicht fließend Englisch.
Also versteht er das Wort *Mind* nicht.

Der Fehlschluss beruht darauf, dass fließend Englisch zu sprechen, zwar eine hinreichende Bedingung ist, das Wort *Mind* zu verstehen, aber keine notwendige. Sie können das Wort auch verstehen, weil Sie in einem Buch über Philosophie darüber gelesen haben.

P1: Wenn Peter fließend Englisch spricht dann versteht er das Wort *Mind*
P2: Peter versteht das Wort Mind.
Also spricht Peter fließend Englisch.

Würde jemand das Wort *Mind* nicht verstehen, so würde man ihm die Fähigkeit, fließend Englisch zu sprechen, aberkennen. Es handelt sich also um eine notwendige Bedingung. Sie ist aber nicht hinreichend, da jemand das Wort eben auch aus einem anderen Grund verstehen kann, und es vielleicht nur eines von ein paar englischen Wörtern ist, die der betreffende versteht. Also handelt es sich ebenfalls um einen Fehlschluss.

3. Metaphysik und Ontologie

3.1. Was gibt es überhaupt?

Die Metaphysik war jahrhundertelang die Kerndisziplin der Philosophie. Hier wurden die tiefschürfenden Fragen nach dem Sein und dem Sinn, den ersten Gründen und den letzten Prinzipien verhandelt. Hier ging es um das große Ganze. Was ist das Wesen des Seienden? Warum existiert die Welt überhaupt? Gibt es einen Gott und wenn ja, was können wir über ihn wissen? Besitzt der Mensch eine unsterbliche Seele?

Die meisten dieser Fragen gelten heute als unwissenschaftlich, und der Begriff „metaphysisch" wurde fast zu einem Spottwort. Das ist der Grund, warum viele Philosophen der Gegenwart die Metaphysik nur noch mit der Kneifzange anfassen wollen. Oftmals verwendet man den Begriff gar nicht mehr, sondern spricht lieber von Ontologie. Wobei Ontologie als Lehre vom Sein eigentlich ein Teilbereich der Metaphysik ist.

Wir fragen in der Ontologie nach dem, was ist, und wie es ist. Ist das nicht eine sehr abwegige Frage? Wir sehen doch, was da ist, eben die ganze Welt mit allen ihren Dingen und Lebewesen, mit ihrer Geschichte und ihren Gesetzen. So redet der gesunde Menschenverstand. Wo für ihn alles klar ist, findet die Philosophie einen Grund zum Staunen. Warum ist überhaupt etwas und nicht nichts? So lautet eine Grundfrage der Ontologie.

Aber fragen wir einfach mal, was denn da ist. Da sind Sie und da ist Ihr Freund Peter Wurlitz, und Sie sitzen zusammen an einem Tisch und hören die Kleine Nachtmusik von Wolfgang Amadeus Mozart. Eine ganz einfache alltägliche Situation, über die niemand nachdenken muss. Aber denken Sie trotzdem mal darüber nach. Was ist Peter Wurlitz? Wie existiert er? Seltsame Frage, denken Sie? Peter Wurlitz ist einfach diese Person, die Ihnen gegenüber sitzt. Er ist ein Individuum, das es nur einmal auf der Welt, ja im ganzen Universum gibt. Er ist ein Einzelwesen. Vergleichen Sie ihn jetzt mit dem Tisch. Der Tisch ist auch ein einzelner Gegenstand, oder etwa nicht? Dieser

Tisch vor Ihnen ist jedenfalls ein einzelner Gegenstand. Aber er ist es nicht in der gleichen Weise wie Peter Wurlitz. Sie können sagen, das ist ein weißer Tisch, ein besonders gelungener Tisch, der beste Tisch von allen Tischen im Haus. In dieser Weise können Sie aber nicht von Peter Wurlitz sprechen. Sie können nicht sagen, er wäre ein dicker Peter Wurlitz, ein besonders schlauer Peter Wurlitz oder der netteste Peter Wurlitz im Haus. Sie könnten aber sehr wohl sagen, er wäre ein dicker Mann, ein besonders schlauer Mann oder der netteste Mann im Haus.

„Peter Wurlitz" ist ein Name, der ein Einzelwesen bezeichnet, „Tisch" oder „Mann" sind Begriffe, die etwas Allgemeines bezeichnen, etwas, das von Einzelwesen ausgesagt werden kann. Peter Wurlitz ist ganz konkret dieser nette, etwas füllige Mann an Ihrem Tisch, und er ist nichts anderes. Dieses Ding an dem Sie sitzen ist ein Tisch. Es ist ein einzelnes Ding, das eine Verkörperung von etwas Allgemeinem namens Tisch ist. Wie sieht denn ein Tisch aus, oder anders gefragt, was macht einen Tisch zum Tisch? Er kann rund sein, er kann eckig sein, er kann überhaupt alle möglichen Formen annehmen. Er kann ebenso jede beliebige Farbe haben, er kann aus Holz, aus Plastik, aus Metall, oder aus einer Mischung von allem bestehen. Sie können sogar einen Pappkarton nehmen und sagen: Das nehmen wir jetzt mal als Tisch. Ein Tisch existiert in anderer Weise als Peter Wurlitz.

Und wie existiert, wie „ist" Mozarts Kleine Nachtmusik, die die ganze Zeit über gespielt hat. Sowohl Peter Wurlitz wie auch den Tisch, nämlich diesen ganz bestimmten Tisch aus der Menge aller Tische, können Sie anfassen oder mit dem Auto transportieren. Können Sie die Kleine Nachtmusik anfassen? Sie können eine CD mit der Musik anfassen und sie in Ihren CD-Player im Auto stecken, aber damit haben Sie nicht die Kleine Nachtmusik angefasst. Die können Sie anhören, Sie können sie sogar lesen, wenn Sie denn Noten zu lesen verstehen, sie können sie sich vorstellen und in Gedanken hören, oder Sie können sie vielleicht sogar summen. Aber was ist die Kleine Nachmusik denn jetzt, und wie ist sie? Dass sie existiert, ist ohne Zweifel, denn Sie hören sie ja. Aber selbst wenn aus irgendwelchen Gründen gerade jetzt nirgendwo auf der Welt die kleine Nachtmusik gespielt würde, dann würde sie existieren. In Notenblättern, in den Vorstellungen und Erinnerungen von Millionen Menschen. Es gibt also CDs und Vinylplatten mit der kleinen Nachtmusik, es gibt Partituren in Büchern und in Notenheften, es gibt Aufführungen mit einem Orchester und es gibt Menschen, die die Melodie summen können. Und in jedem Fall, wo Sie auf eines dieser Dinge oder Ereignisse zeigen, könnten Sie sagen: Das ist Mozarts Kleine Nachtmusik. Aber in welcher Weise ist sie? Hier haben wir etwas vor uns, das einerseits in viel abstrakterer Weise existiert als ein Tisch, das aber andererseits viel genauer bestimmt ist. Denn ein paar falsche Töne, und Sie können sagen: Das ist ja nicht die Kleine Nachtmusik.

Würden Sie immer noch sagen, die Frage nach dem, was ist, und wie es ist, sei abwegig?

3.2. Die klassische Metaphysik

Bei keiner anderen philosophischen Disziplin ist der Blick zurück in die Geschichte so wichtig, wie in der Metaphysik. Denn die Metaphysik war zu allen Zeiten immer auch eine Auseinandersetzung mit der Tradition und oft genug eine Befreiung von der Tradition. Bei keiner anderen Disziplin wechselten die Inhalte und Schwerpunkte so sehr, wie bei der Metaphysik.

Der Beginn der Metaphysik ist der Beginn der Philosophie überhaupt, denn mit der Frage nach dem Grund vom allem beginnt die Philosophie im alten Griechenland. Der Beginn der Metaphysik als Teildisziplin liegt bei Aristoteles, auch wenn er den Begriff gar nicht verwendet. Denn der Titel „Metaphysik“ ist eher zufällig entstanden und hat seinen Ursprung in einem bibliothekarischen Ordnungssystem für die Werke des Aristoteles. Es gab eine Reihe von Schriften, die im Regal „nach“ dem Werk „Physik“ eingeordnet wurde. Auf Griechisch heißt das *meta ta physika*. Dieser Titel wurde auf den Inhalt der Schriften übertragen, denn in ihnen geht es ja auch um die Themen, die über die Physik, über die Beschreibung der Natur hinausreichen. Bei Aristoteles selbst heißt die Disziplin „Erste Philosophie".

Die Einzelwissenschaften haben es mit bestimmten Bereichen der Wirklichkeit zu tun, die Biologie mit der lebendigen Natur, die Physik mit den allgemeinen Naturgesetzen und die Astronomie mit den Himmelskörpern, um nur ein paar zu nennen. Die Wissenschaften untersuchen jeweils einen bestimmten Bereich des Seienden. Die Metaphysik hat es mit dem Seienden als solchem zu tun.

Das grundlegende Thema der Metaphysik ist also die Frage, was jedes Seiende auszeichnet, einzig und allein deshalb, weil es ist. Hieran schließt sich die Frage an, ob es verschiedene Arten zu sein und Abstufungen des Seienden gibt, und schließlich, was das höchste Seiende ist. Die Metaphysik stand so am Anfang jeder Philosophie und aller Wissenschaften und sollte das Fundament bilden, auf dem alles Wissen aufbaut. Die Antworten der Metaphysik sollten die sichersten und am besten begründeten sein. Man wollte zum tiefsten Anfang vordringen und Erkenntnis mit der höchsten Sicherheit erlangen, eine Erkenntnis, die allem anderen zu Grunde liegt. Diese Doppelstruktur: sowohl die grundlegendste wie auch die sicherste Erkenntnis zu bieten, ist ganz wichtig für das Selbstverständnis der Metaphysik.

Da die Metaphysik alles Seiende begründen will, kann sie natürlich nicht mit dem anfangen, was vor Augen liegt. Denn das ist die Welt des Offensichtlichen, die Welt der Einzeldinge, die Welt des gesunden Menschenverstandes. Denken Sie an die Eingangsszene mit Peter Wurlitz und dem Tisch. Die Metaphysik dringt hinter diese Oberfläche, sie sucht nach der eigentlichen Wahrheit hinter der Wirklichkeit der tatsächlichen Welt.

Der Stammvater dieses Denkens ist Platon. In seinem Dialog „Der Staat" findet sich eine Passage, die zur Schlüsselszene des metaphysischen Denkens wurde: das berühmte Höhlengleichnis. Platon schildert dort Menschen, die von Geburt an in einer Höhle festgekettet sind, so dass sie nur in eine Richtung schauen können. Hinter ihrem Rücken brennt ein Feuer und hinter einer Mauer werden Gegenstände vorbeigetragen, so dass die Schatten dieser Gegenstände an der Wand zu sehen sind, auf die die Höhlenmenschen schauen. Da sie sonst nichts kennen, halten sie die Schatten an der Wand für die Dinge der Wirklichkeit. Erst wenn einer dieser Menschen befreit wird, kann er sich umdrehen und die tatsächlichen Dinge sehen, doch es fällt ihm sehr schwer etwas zu erkennen, da seine Augen an die Dunkelheit gewöhnt sind und vom Licht geblendet werden.

Platon führt das Höhlengleichnis noch weiter aus, da der Mensch erst ans Tageslicht gebracht werden muss, um zur wahren Erkenntnis zu gelangen. Für unseren Zusammenhang genügt es zunächst festzuhalten, dass die Dinge, so wie wir sie sehen, nur Schein sind, und dass wir hinter diesem Schein zum Wesen der Dinge vordringen müssen. Platon ist der Ansicht, das eigentlich Seiende wären nicht die einzelnen Dinge, die wir vor uns haben, sondern das Allgemeine. Und dieses Allgemeine nennt er Idee.

Wenn Sie an das Beispiel vom Anfang zurückdenken, dann wäre bei der Frage nach dem Tisch die Idee eines Tischs das wirklich Existierende, und jeder einzelne Tisch wäre eine Verkörperung dieser Idee, aber kein konkreter Tisch würde der Idee völlig entsprechen. Trotzdem wissen wir alle, was ein Tisch ist.

Platon verwendet meistens Beispiele aus der Mathematik. Nehmen Sie zum Beispiel einen Kreis. Jeder weiß, was ein Kreis ist, auch wenn er noch nie einen vollkommenen Kreis gesehen hat. Denn jeder Kreis, den Sie sehen, oder den Sie selber zeichnen, hat irgendeine Abweichung, und bestünde sie nur darin, dass die Kreislinie eine minimale Ausdehnung hat. Versuchen Sie einmal eine Kreislinie ohne Ausdehnung zu zeichnen. Es geht schlichtweg nicht. Eine Linie ohne Ausdehnung gibt es nur in der Abstraktion oder in der Mathematik. Und der Kreis als solcher ist ein Gebilde der Mathematik und mittels der Kreiszahl π exakt bestimmbar. Das eben ist die Idee eines Kreises. Alle Kreise, die irgendwo gezeichnet oder realisiert werden, sind nur Abbilder oder Annäherungen an die Idee des Kreises.

Bei mathematischen Gebilden mag dies nachvollziehbar sein. Ein Quadrat mit exakt gleich großen Winkeln, wobei die Betonung auf exakt liegt, oder gar die Zahlen, so etwas gibt es nicht anschaulich in der Wirklichkeit. Gehen Sie jetzt in die empirische Welt der Tatsachen und nehmen Sie statt Quadraten und Kreisen einen Ball. Es gibt zum Beispiel viele Bälle, rote, gelbe, knallbunte oder gepunktete, große und kleine, Lederbälle und Plastikbälle, sogar Strohbälle und Gummibälle. Aber was ist ein Ball an sich? Komische Frage, das alles sind Bälle, können Sie sagen. Aber ist ein Federnball auch ein Ball? Nein, der heißt nur so, denn ein Ball muss rund sein. Also ist ein Rugbyball kein Ball, der ist nämlich bestenfalls Ei-förmig. Doch, der ist eigentlich schon ein Ball. Und der Ball, der in der Kunstausstellung in der Ecke liegt und wunderschön rund ist? Der ist eigentlich kein Ball, weil er aus Stein und nicht beweglich ist. Was also genau ist ein Ball? Was ist das Wesen, was ist die Idee eines Balls? Wie sollen solche Ideen, solche Allgemeinbegriffe existieren? Gibt es sie überhaupt? Oder sind sie nur Vorstellungen in unserem Kopf?

Man bezeichnet solche allgemeinen Begriffe als Universalien. Über die Existenzart der Universalien gab es in der Geschichte der Metaphysik einen jahrhundertelangen Streit. Die Nominalisten behaupteten, dass es nur Einzeldinge gäbe, die Realisten gingen davon aus, dass auch die Universalien Realität haben müssen. Das Problem hat seinen Ursprung darin, dass die klassische Metaphysik ihre Objekte als etwas Sachhaltiges verstand, sie betrachtete auch Ideen, Zwecke oder Gott als etwas, das in irgendeiner Weise vorhanden war, zwar nicht so gegenständlich wie Tische oder Tiere, aber als etwas, das unabhängig vom Beobachter existieren musste.

Während bei Platon die Idee, also das Allgemeine, das eigentliche Seiende ist, sind es bei Aristoteles die Einzeldinge mit allgemeinen Eigenschaften. Doch in der gesamten klassischen Metaphysik, die die Antike und das Mittelalter beherrscht, wurde die Metaphysik als sachhaltig betrachtet. Ihre Themen betrafen die Welt und die Dinge und Lebewesen in ihr, und nicht Wörter und Begriffe. Dieses Verständnis reicht bis in die Neuzeit hinein und verursacht auch bei

Descartes noch Probleme. Erst mit Kant kommt es zu einer Neuausrichtung, da jetzt die Gegenstände der Metaphysik als etwas vom Beobachter Abhängiges verstanden werden. Sie werden diesem Problem in gewandelter Form im Rahmen der Sprachphilosophie und bei der Frage nach der Bedeutung von Begriffen wiederbegegnen.

In der klassischen Metaphysik, die als großes Lehrsystem aufgebaut war, und zwar vom Mittelalter bis ins 18. Jahrhundert hinein, unterschied man zwischen Allgemeiner und Spezieller Metaphysik. Die Allgemeine Metaphysik ist die Lehre vom Sein und von den Grundstrukturen der Natur. Diese Seinslehre nannte man später Ontologie.

Die Spezielle Metaphysik untersuchte die Seinsweisen einiger spezieller Seinsbereiche, und zwar derjenigen Bereiche die über die Naturerfahrung hinausreichen. Die spezielle Metaphysik hat es mit dem Übersinnlichen zu tun und gliedert sich nochmals in drei Teildisziplinen, in die Rationale Theologie als Lehre vom Sein Gottes, in die Rationale Psychologie als Lehre vom Sein der Seele und ihrer möglichen Unsterblichkeit und in die Rationale Kosmologie, die Lehre vom Sein und vom Anfang der Welt.

Wenn man später abschätzig von der Metaphysik sprach, dann war es immer die Spezielle Metaphysik, die man damit meinte. Eine Beantwortung ihrer Fragen würde Sie heute vermutlich genauso interessieren, wie die Menschen vor 400 Jahren, doch spätestens seit Immanuel Kant hält kaum ein Philosoph die Beantwortung solcher Fragen mehr für möglich. Nach Kant begann denn auch der Abstieg der Metaphysik, was so weit ging, dass manche Philosophen sie am liebsten komplett abgeschafft hätten.

3.3. Die Frage nach Gott

Die Frage nach Gott war jahrhundertelang ein zentrales Thema der Metaphysik, wenn nicht das wichtigste Thema überhaupt. Zwar stehen bei Platon und Aristoteles die ontologischen Themen der Allgemeinen Metaphysik im Vordergrund und Gott, oder besser das Göttliche, taucht eher an Rande auf, doch mit der Aneignung der griechischen Philosophie durch das Christentum rückt Gott in den Mittelpunkt des Denkens.

Der Anknüpfungspunkt ist die Theorie vom unbewegten Beweger, die Aristoteles in seinem Buch „Metaphysik" entwickelt. Dieser Gott ist eher eine theoretische Vorstellung als ein persönlicher Gott. Er wird als völlig losgelöst von der Welt und vollkommen interesselos gedacht. Er ist das Erste in der Reihe der Wirkungen, der erste Anfang von allem, der die Bewegung in der Welt der Dinge in Gang setzt. Gott ist bei Aristoteles kein Thema der Ethik, er hat keine Beziehung zu den Menschen und sie auch nicht zu ihm. Gott ist eine Projektion der Philosophie.

Im Mittelalter wird Gott als der Schöpfer der Welt gedacht und die Welt als Schöpfung. In diesem Begriff „Schöpfung", den wir auch heute gern verwenden, drückt sich ein anderes Seinsverständnis aus. War im griechischen Denken die Natur (*physis*) die Voraussetzung von allem was ist, so wird diese Vorstellung im Mittelalter durch die Schöpfung aus dem Nichts ersetzt. Zunächst ist Gott und er schafft die Welt aus dem Nichts. Die Beziehung Gottes zur Welt als Schöpfung ist eine viel engere und innigere. Schöpfung heißt auf Lateinisch *creatio*, und die Wesen der Welt, einschließlich des Menschen werden als Kreaturen verstanden. Zu ihnen hat Gott eine persönliche Beziehung, denn er ist nicht nur Schöpfer, sondern zugleich Richter der Menschen.

Gott wird als ewiges und unendliches, als allmächtiges und allgütiges Wesen gedacht. Und er wird nicht nur in der mittelalterlichen Scholastik, sondern bis in die neuzeitliche Philosophie des 17. Jahrhunderts ein zentrales Thema bleiben. Die Gedankengebäude von Descartes, Spinoza. Leibniz oder Berkeley sind ohne Gott nicht denkbar. Gott behält dort eine notwendige Rolle zur Begründung des Wissens. Dass dieser Gott der Philosophen nichts gemein hat mit der Vorstellung eines Himmelsvaters steht auf einem anderen Blatt.

Die Religion hat ihre Grundlage im Glauben, im Glauben an Gott. Die Vernunft in Gestalt der Philosophie sollte diesen Glauben unterstützen. Die beste Unterstützung wäre es, wenn die Vernunft unabhängig vom Glauben zum selben Ergebnis käme und Gott beweisen könnte. Es gab zwar auch in der Scholastik Stimmen, die ein solches Unterfangen ablehnten, da der Zugang zu Gott eben gerade im Glauben und gerade entgegen aller scheinbar vernünftigen Einwände gefunden werden muss, eine Haltung die in dem Ausspruch: *credo quia absurdum est*: „Ich glaube, weil es unvernünftig ist", ihren Ausdruck findet, doch die rationale Scholastik versuchte Gott mit den Mitteln der Vernunft zu erschließen.

Es gab drei Arten von Gottesbeweisen, den teleologischen, den kosmologischen und den ontologischen. Der teleologische und der kosmologische Gottesbeweis knüpfen beide an Gedanken von Aristoteles an. Und für beide ist der wichtigste Aristoteliker der Scholastik, Thomas von Aquin (1225–1274) der Hauptvertreter. Er entwickelt seine Gottesbeweise ausführlich in seinem Hauptwerk, der „Summa theologica".

Für Aristoteles enthält jedes Wesen der Natur einen inneren Zweck, den es zu entfalten gilt, so wie zum Beispiel im Samenkorn bereits der spätere Baum angelegt ist. Der teleologische Gottesbeweis erweitert den Zweckgedanken ins Universelle und schließt von der zweckmäßigen Ordnung der Natur darauf, dass diese nur von Gott so eingerichtet werden konnte. Dass in der Natur alles, oder zumindest sehr vieles zweckmäßig eingerichtet ist, kann demnach nur daran liegen, dass jemand sie gezielt nach einem Plan so erschaffen hat. Und diesen Jemand nennen wir Gott.

Der kosmologische Gottesbeweis knüpft an die Vorstellung vom unbewegten Beweger bei Aristoteles an und erschließt Gott auf eher abstrakte Weise. Da alle Ereignisse und Dinge eine Ursache haben, können Sie auch bei den Ursachen wieder nach der Ursache fragen, und so immer weiter. Diese Reihe der Ursachen muss irgendwo einen Anfang haben, und dieser Anfang ist Gott.

Der umstrittenste Gottesbeweis ist schließlich der ontologische. Sein Erfinder ist Anselm von Canterbury (1033–1109), der Vater der Scholastik, der ihn in seinem Hauptwerk „Proslogion“ entwickelt. Er behauptet, dass zum Begriff eines vollkommensten Wesens unbedingt auch dessen Existenz gehören müsse. Ein Wesen, das angeblich vollkommen ist aber nicht existiert, ist nicht wirklich vollkommen, da ihm eben die Existenz noch fehlt. Also muss es existieren, um wirklich vollkommen zu sein. Die Vorstellung eines vollkommenen Wesens können wir Menschen aber nicht aus uns selbst erzeugen, da wir unvollkommen sind und etwas Unvollkommenes nicht die Ursache von etwas Vollkommenem sein kann. Deshalb kann diese Vorstellung nur in etwas Vollkommenem seine Ursache haben. Das vollkommene Wesen aber ist Gott. Also muss Gott existieren. Aus dem Begriff der Vollkommenheit Gottes wird also dessen Existenz abgeleitet.

Auch Rene Descartes wird den ontologischen Gottesbeweis aufgreifen. Doch was im Grunde für alle Gottesbeweise gilt, trifft auf den ontologischen Beweis am stärksten zu: Er leuchtet wahrscheinlich nur jemandem ein, der sowieso schon an Gott glaubt. Es ist zu bezweifeln, dass jemals ein Ungläubiger durch diese Beweisführung von der Existenz Gottes überzeugt wurde. Bereits im Mittelalter wurde dem ontologischen Gottesbeweis entgegengehalten, dass mit der gleichen Argumentation die Existenz einer vollkommenen Insel bewiesen werden könnte.

Gerade auf den Ungläubigen zielt der Philosoph und Mathematiker Blaise Pascal (1623-1662) mit der nach ihm benannten Pascalschen Wette. Dabei handelt es sich nicht eigentlich um einen Gottesbeweise, sondern um eine Argumentation, die auch den Zweifler davon überzeugen soll, dass es besser ist, an Gott zu glauben. Er gesteht dem Zweifler zu, dass die Vernunft Gott nicht erkennen kann, es gibt aber nach den Gesetzen der Logik nur zwei Möglichkeiten: entweder existiert Gott, oder er existiert nicht. Wofür wollen

Sie sich entscheiden? Worauf wollen Sie wetten? Der mögliche Einsatz ist Ihre Seligkeit.

Da Sie an Gott glauben können, oder auch nicht, und da Gott existieren kann, oder auch nicht, gibt es vier mögliche Kombinationen. Variante 1 lautet: Sie glauben an Gott und er existiert tatsächlich. Glückwunsch, denn dann haben Sie die ewige Seligkeit gewonnen. In Variante 2 glauben Sie ebenfalls, aber Gott existiert nicht. Dumm gelaufen, aber in diesem Fall gewinnen Sie zwar nicht, Sie verlieren aber auch nichts. Ihr Los war eine Niete. Genauso verhält es sich in Variante 3: Sie glauben nicht an Gott und er existiert auch nicht. Sie hatten zwar Recht, aber es hat nach Ihrem Tod keinerlei Konsequenzen, kein Gewinn und keinen Verlust. Am interessantesten ist Variante 4: Sie glauben nicht an Gott, aber er existiert doch. Jetzt haben Sie wirklich Pech, denn Sie werden mit der ewigen Verdammnis bestraft. Also folgert Pascal: Mit Glauben können Sie den Himmel gewinnen, aber nicht wirklich etwas verlieren, mit Unglauben können Sie gar nicht gewinnen, aber gewaltig verlieren, wenn Sie in die Hölle kommen.

Kann Sie das überzeugen? Das Argument ist zwar berühmt, hat aber einige logische Löcher. Zunächst werden Himmel und Hölle einfach angenommen und dann wird auch noch vorausgesetzt, dass für die Belohnung und Bestrafung nur der Glaube ausschlaggebend wäre. Auch hier gilt, dass jemand schon an Gott, und zwar an einen belohnenden und strafenden Richtergott glauben muss, damit die Argumentation für ihn einleuchtend ist.

Doch die Metaphysik dachte auch in die andere Richtung, und zwar mit dem Problem der Theodizee. Es geht um die Frage, warum Gott das Böse und das Leid in der Welt zulässt. Hier wird die Rolle Gottes in moralischer Perspektive befragt. Gott ist per definitionem allmächtig und allgütig. Wenn Gott allmächtig ist, dann kann er alles beeinflussen und ändern. Ihm ist nichts unmöglich. Wenn Gott allgütig ist, dann muss er das Leid lindern, dann muss er mit den Unschuldigen sein und denen helfen, die Gutes tun. Sollte man meinen. In der Wirklichkeit sieht es aber nicht danach aus. Warum also lässt Gott so viel Leid in der Welt zu? Warum lässt er die Bösen so oft siegen? Ist er vielleicht gar nicht allgütig, sondern hat seinen Spaß daran? Oder ist er vielleicht nicht allmächtig? Würde er zwar gerne helfen, doch fehlen ihm die Möglichkeiten dazu? Wie auch immer, das würde das Bild, das wir von Gott haben, in jedem Fall stark beschädigen. Sie können sich aussuchen, welcher Gott Ihnen lieber wäre, ein allmächtiger Gott, der die Welt als Versuchslabor zu seiner Unterhaltung betrachtet, oder ein gütiger Gott, der dem Bösen hilflos gegenübersteht.

Die Metaphysik blieb natürlich bei dieser Alternative nicht stehen, sondern versuchte das Dilemma aufzulösen. Das Thema der Theodizee zieht sich von Augustinus über Boethius und die Scholastik des Mittelalters bis zu Leibniz. Die gängige Antwort der klassischen Metaphysik, für die stellvertretend Augustinus (354–430) stehen soll, besagt, dass das Böse gar keine eigenständige Kraft ist, sondern dass es nur durch das Versagen des Menschen in die Welt kommt. Die Freiheit des Menschen macht es möglich, dass der Mensch auch böse handelt. Da kann Gott nichts dafür.

Doch was ist mit dem Leid völlig Unschuldiger, die noch gar nicht die Gelegenheit hatten, etwas Böses zu tun? Was ist mit dem Leid unschuldiger Kinder? Iwan Karamasow, eine Figur aus Dostojewskis berühmtem Roman „Die Brüder Karamasow", gibt seine Eintrittskarte für den Himmel zurück, er verzichtet darauf, in die Harmonie der Frommen und Gesegneten einzutreten. Er wirft Gott buchstäblich seine Schöpfung vor die Füße, angesichts des Leidens in der Welt. Iwan Karamasow kritisiert Gott aus moralischer Perspektive, gilt Gott doch gemeinhin als der Inbegriff der Moralität. Gott ist ihm nicht göttlich genug. Wenn Moral und Gott auseinanderfallen, droht das Chaos und Gott wird zu einer bloßen Machtfigur, sein Wirken zur Willkür.

Eine originelle Antwort bietet Gottfried Wilhelm Leibniz (1646–1716) mit seiner Theorie von der besten aller möglichen Welten. Gott behält hier ebenfalls seinen Status des allmächtigen und allgütigen Wesens. Er hat unter allen Welten, die möglich wären, diejenige herausgefunden, die gemäß seiner Güte die beste ist, und sie dann entsprechend seiner Allmacht geschaffen. Unsere Welt ist also die beste, die möglich war. Darauf kann man nur antworten: Und mehr hat er nicht drauf?

Gott stand in der Metaphysik außerhalb und über allem Irdischen. Seit dem Beginn der Neuzeit und Descartes' Neubegründung der Philosophie auf der Gewissheit des Selbstbewusstseins, wurde Gott zu einem immer abstrakteren Prinzip und verdünnte sich schließlich im Laufe der Geistesgeschichte immer mehr, bis er am Ende nur noch jenes unbegreifliche ätherische Wesen des Deismus war, über das wir nichts mehr wirklich aussagen können, und das Immanuel Kant aus dem Bereich der möglichen Erfahrung hinauswies. Gott wird damit vom Begründungsproblem zum Grenzproblem der Philosophie. Ludwig Feuerbach (1804-1872) erklärt Gott zur bloßen Projektion menschlicher Ideale und für Karl Marx (1818-1883) ist er nur noch der Rechtfertigungspopanz einer jeweils herrschenden Klasse, der im Jenseits den Ausgleich für irdisches Elend verspricht, wie eine Fata Morgana des Opiumrauchers. Gott ist tot, fasst Friedrich Nietzsche (1844–1900) kurz und prägnant die Entwicklung zusammen.

3.4. Metaphysik der Neuzeit und Metaphysikkritik

Mit der Neuzeit, die mit Rene Descartes beginnt, ändert sich die Rolle der Metaphysik insgesamt. Sie gerät jetzt in Abhängigkeit von der Erkenntnistheorie. Am Anfang der Philosophie steht nun die Frage, wie unser Wissen überhaupt zustande kommt und wie somit Metaphysik möglich ist. Die Begründung allen Wissens liegt jetzt im Subjekt, das Wissen ist nicht mehr eine von Gott offenbarte Wahrheit, sondern die vom Subjekt entdeckte Gewissheit.

Die Vernunft ist also grundsätzlich in der Lage, die Welt und ihre Gesetze allein und unabhängig zu erkennen. Ihre Zugänge zur Wirklichkeit sind die Sinneswahrnehmung und das Denken. Entsprechend diesen Fähigkeiten kann der Mensch durch empirische Experimente und mittels der Mathematik die Wirklichkeit entschlüsseln. Die

Mathematik stellt die grundlegenden Gesetze bereit, das wissenschaftliche Experiment dient zur Überprüfung der Sinnesdaten. Die Verbindung aus beidem ist die moderne Naturwissenschaft, mit deren Hilfe wir die Geheimnisse der Natur entdecken oder dramatischer ausgedrückt, mit deren Hilfe wir der Natur ihre Geheimnisse entreißen.

Doch alles Wissen vom Seienden ruht jetzt auf der Grundlage des Subjekts. Das Ich wird zum Schlüssel für die Deutung der Welt. Immanuel Kant macht ernst mit dieser These. Mit Kant erreicht die Metaphysik ein neues Stadium. Je nach Standpunkt kann man auch sagen, bei Kant endet die klassische Metaphysik, da ihre Unmöglichkeit erkannt wird. Bevor wir metaphysische Gesetze aufstellen, müssen wir zuerst nach den Bedingungen ihrer Möglichkeit fragen. Die klassische Metaphysik traf Aussagen über die Wirklichkeit, Kant sieht die Metaphysik in Abhängigkeit vom Erkenntnissubjekt. Unsere Beobachtungen hängen von unserer Beschaffenheit als Beobachter ab, von unseren Denkstrukturen und unseren Sinnesorganen.

Kant verwendet für seine Philosophie den Begriff der kopernikanischen Wende. So wie Kopernikus die Himmelskunde auf eine völlig neue Grundlage stellte, indem er statt der Erde die Sonne in den Mittelpunkt rückte, so entwirft auch Kant eine Neubegründung für die Metaphysik und die Philosophie als Ganzes. Das Problem der Astronomie bestand darin, dass man unter der Voraussetzung der Erde als Mittelpunkt des Sonnensystems zwar alle Planetenbahnen beobachten und berechnen kann, dass man aber völlig wirre Bahnen als Ergebnis erhält. Die Planeten bewegen sich vor und zurück und manchmal bewegen sie sich sogar in Form einer Schleife. Nimmt man jedoch entgegen dem Augenschein an, die Sonne wäre der Mittelpunkt des Systems, so erhält man saubere Ellipsenbahnen. Diese Theorie ist sowohl einfacher als auch eleganter.

Etwas Ähnliches unternimmt Kant, wenn er die Vorstellung verabschiedet, wir würden eine objektiv vorhandene Welt erkennen. Alle Aussagen und Theorien über die Welt, ja schon alle Gegenstände und Ereignisse in der Welt sind nur relativ auf unser Erkenntnisvermögen. In dieser Hinsicht jedoch sind sie objektiv. Denn da alles, was nur immer vorkommen kann, unter den Bedingungen unserer subjektiven Erkenntnis steht, kann es sich auch nur so verhalten. Das, was wir objektiv erkennen, steht unter subjektiven Bedingungen. Die Metaphysik hat es nicht mehr mit Dinge an sich, sondern mit Erscheinungen zu tun.

Das bedeutet aber auch, dass die Grenzen der reinen Vernunft zugleich die Grenzen der möglichen Erkenntnis sind. Es gibt Bereiche, die außerhalb der möglichen Erkenntnis liegen, da sie niemals Gegenstand unserer Erfahrung werden können. Dies ist eine Absage an die klassische Metaphysik, da es genau die Themen der Speziellen Metaphysik sind, die dies betrifft. Die Seele, Gott und Anfang und Ende der Welt können niemals Gegenstand unserer Erkenntnis werden. Die Philosophie Kants enthält damit ein großes Maß an Bescheidenheit.

Aristoteles und die klassische Metaphysik vertreten eine sogenannte realistische Position. Aristoteles geht davon aus, dass die Grundstrukturen der Realität sich durch die Erfahrung prinzipiell erkennen lassen und in sprachlicher Form angemessen aussagbar sind. Kants Neuansatz ist konstruktivistisch. Er behauptet, dass die Grundstrukturen des Seienden nur Projektionen des Denkens über die Sprache in die Welt sind. Wie die Wirklichkeit unabhängig von unserer Erkenntnis von ihr beschaffen ist, ist uns nicht zugänglich oder besser: es ist eine sinnlose Frage, da „die Welt" eben genau diejenige ist, die wir konstruieren.

Die Philosophen des Deutsche Idealismus, Fichte, Schelling und Hegel, die unmittelbar auf Kant folgten, wollten sich mit der kantischen Selbstbeschränkung nicht zufrieden geben. Sie nutzten seine Philosophie mit ihrem Bezug aufs Subjekt als Sprungbrett, um auf dieser Basis eine neue und noch umfassendere Metaphysik aufzubauen, die sie zu komplexen Systemen weiterentwickelten. Ihr Ziel war es, die erkenntnisskeptische Position bei Kant zu vermeiden und zu überwinden. Bei Georg Wilhelm Friedrich Hegel (1770-1831) wird die Substanz als Subjekt gedacht. Die ganze Wirklichkeit wird als

Entfaltung des Geistes gedeutet, der sich als Natur entäußert, und der im Menschen zum Bewusstsein kommt und durch den Menschen sich selbst anschaut. Diese Entfaltung des Geistes zu sich selbst ist nichts anderes als die Welt- und Kulturgeschichte, die sich in dialektischer Überwindung von immanenten Widersprüchen immer höher entwickelt.

Auf der Grundlage des Hegelschen Idealismus baut der Materialismus von Karl Marx auf. Die Methode der Dialektik wird beibehalten, nur dass an die Stelle der Selbstentfaltung des Geistes die Selbstentfaltung der Materie tritt. Für eine Metaphysik ist in dieser Welt kein Platz mehr. Und auch in keiner anderen Welt. Die Philosophie des 19. Jahrhunderts ist grundsätzlich materialistisch und orientiert sich am Fortschritt der Naturwissenschaften. Friedrich Nietzsche verspottet die Anhänger der Metaphysik als Hinterweltler, die hinter der Welt der Tatsachen nach einer illusorischen Welt der Ideen suchen.

Mit Beginn des 20. Jahrhunderts ist die Metaphysik so gut wie erledigt. Programmatisch ist Wittgensteins Tatsachenontologie im „Tractatus logico philosophicus". Hier gibt es weder Ideen noch Dinge, sondern die Welt ist alles, was der Fall ist, das heißt, sie besteht aus Tatsachen und Sachverhalte. Bei den Vertretern des Logischen Empirismus, die sich im Wiener Kreis versammelten, erreicht die Metaphysikkritik ihren Höhepunkt. Es geht jetzt gar nicht mehr um konkrete Inhalte, sondern die Metaphysik wird insgesamt als Unsinn abgelehnt. Ihre Sätze sind nicht verifizierbar, das heißt, man kann sie nicht in der Wirklichkeit überprüfen, deshalb können sie auch nicht als wahr oder falsch qualifiziert werden. Ein Satz, der weder wahr noch falsch sein kann, ist unsinnig. Fertig. Die Probleme der Metaphysik sind bloße Scheinprobleme. Alles, was es in der Welt gibt, kann in den Begriffen und mit den Gesetzen der Naturwissenschaften beschrieben werden. Die Philosophie wird unter dieser Voraussetzung zur Grundlage der Naturwissenschaften und die Logik wird zur wichtigsten Disziplin mit der Tendenz, Sprache, Ontologie und sogar Ethik zu durchdringen.

In eine ganz andere Richtung denkt Martin Heidegger (1889–1976). Für ihn ist die gesamte Metaphysik eine Epoche der Philosophie, die bei Platon und Aristoteles beginnt und mit Nietzsche endet. Die Metaphysik ist eine bestimmte Art zu denken, sie hat die Welt immer nur in den Kategorien des Seienden verstanden und dabei das Sein, das doch allem Seienden zugrunde liegt, übersehen. Sie hat das Sein, das etwas sich Vollziehendes ist, immer gegenständlich genommen und als etwas Seiendes gedeutet, sei es als Idee oder als Natur, sei es als Gott, als Geist, als Objekt, als Materie oder in ihrer letzten Stufe bei Nietzsche als reinen Willen, der als Wille zur Macht nur noch sich selbst will. Damit hat die Metaphysik alle Möglichkeiten ausgereizt und das Denken kann einen neuen Anfang nehmen.

3.5. Sein und Seiendes

Das Thema der metaphysischen Hauptdisziplin, der Ontologie ist das Seiende als solches, und damit alle Gegenstände, insofern sie sind. Dies war schon bei Aristoteles so, auch wenn der Titel „Ontologie" erst im 17. Jahrhundert entstanden ist. Etwas als Seiendes zu bezeichnen, ist das allgemeinste, was Sie von ihm nur aussagen können. Denn alles, was ist, ist in irgendeiner Weise etwas Seiendes. In der Ontologie geht um das Sein all dieses Seienden, um die verschiedenen Weisen, wie das Seiende ist.

Der Begriff „Sein" oder „das Sein" klingt sehr abstrakt und dunkel, und genauso wurde er oft genug behandelt. Gerade im Deutschen gibt es einen manchmal verwirrenden Sprachgebrauch in der Philosophie, vor allem wenn auch noch vom absoluten Sein, vom Sein als Ganzem oder der Gesamtheit des Seins gesprochen wird. Dabei ist es im Grunde genommen ganz einfach.

Es gibt den Infinitiv „sein", der zu „das Sein" substantiviert werden kann. Daneben gibt es das Partizip „seiend" mit der Substantivierung „Seiendes". Wenn Ihnen das zu abstrakt und kompliziert klingt, dann können Sie zunächst ein etwas anschaulicheres Verb als „sein" nehmen. Wie wäre es zum Beispiel mit „singen". Der Infinitiv „singen“ bezeichnet den Vollzug, die Substantivierung „das Singen“ thematisiert den Vollzug, das Partizip „singend“ charakterisiert ein Vollziehendes, nämlich den „Singenden“. Stellen Sie sich einen Kinderchor vor. Die Kinder singen, sie vollziehen es. Dann können Sie deren Singen thematisieren, indem Sie Aussagen über das Singen machen: „Das Singen findet am Samstagabend statt“ oder: „Das Singen muss noch verbessert werden“. Und wenn die Kinder singend sind, dann sind sie die Singenden, die gerade das Singen vollziehen, indem sie singen.

Genauso ist es mit dem Sein. Dinge und alle Wesen sind: ich bin, Sie sind, das Buch ist. Über unsere verschiedenen Arten zu sein, können wir sprechen und damit unser Sein oder das Sein bestimmter Gegenstände thematisieren. Alle diese Dinge sind Seiendes. Alles was ist, ist Seiendes und wir können über das Sein dieses Seienden sprechen.

Die Verwirrungen kommen daher, dass häufig die Begriffe „Sein“ und „Seiendes“ verwechselt werden, und dass jemand „Sein“ sagt, wenn er „Seiendes“ meint. Von daher stammen solche Vorstellungen wie die vom Sein im Ganzen oder Thesen, wie etwas „Gott ist das höchste Sein“. Statt von „Sein“ muss hier jeweils von „Seiendem“ gesprochen werden, die Gesamtheit alles Seienden ist eben nicht das Sein, sondern das Seiende im Ganzen. Gott wäre im obigen Beispiel das höchste Seiende.

Diese Begriffsverwirrung von Sein und Seiendem wurde zum Ausgangspunkt für die Philosophie Martin Heideggers, der den Unterschied zwischen Sein und Seiendem als ontologische Differenz bezeichnet. Laut Heidegger haben wir in der langen Geschichte der Metaphysik das Sein regelrecht vergessen, da wir „Sein“ immer als ein gegenständliches Seiendes behandelt haben. Die ganze Metaphysik wird damit zu einer Art Irrweg des Denkens.

Natürlich ist es für einen alltäglichen Sprachgebrauch sonderbar, Begriffe wie Sein und Seiendes zu verwenden. Dennoch machen wir unausgesprochen ständig Gebrauch davon, da wir ständig behaupten, etwas sei so oder anders. Achten Sie mal darauf, wie oft Sie sagen, etwas „ist" in irgendeiner Weise. Man nennt dieses „ist" die Kopula. Aber was sagen Sie, wenn Sie von etwas behaupten, es „ist"?

Zunächst mal werden Sie die Form „x ist" sehr selten benutzen. Solche Sätze fallen vielleicht in philosophischen Seminaren, aber nicht im Alltag. Wenn Sie sagen: „Der Tisch ist", dann wird Ihr Gesprächspartner vermutlich fragen: Was? Was ist der Tisch? In dieser philosophischen Sprechweise würden Sie eine Existenzaussage machen, in dem Sinne von: „Der Tisch existiert", „es gibt den Tisch." „Ich bin" würde ausdrücken, dass es mich gibt, wie in Descartes' berühmtem Grundsatz: „Ich denke, also bin ich". Das ist, wie bereits gesagt, eine Art wie Philosophen sprechen können.

Im Alltag werden Sie wahrscheinlich viel häufiger Sätze wie diese sagen: „Der Tisch ist weiß", oder: „Ihr Auto ist schneller als meines". Sie verwenden die Kopula um eine Eigenschaft auszudrücken. Man nennt eine solche Verwendungsweise eine Prädikation. Wenn Sie dagegen sagen „Kant ist der Autor der Kritik der reinen Vernunft", oder: „Das ist Peter Wurlitz", dann bringt die Kopula eine Identität zum Ausdruck. Und in dem Satz: „Dieser Hund ist ein Bernhardiner", ist es eine Klassenzugehörigkeit, die ausgesagt wird.

Die Frage nach dem Sein eines Seienden ist also keine Geheimlehre. Es ist etwas, das wir alle ständig in irgendeiner Form in Anspruch nehmen. Die Besonderheit der Ontologie als der wichtigsten Teildisziplin der Metaphysik besteht einfach darin, dass sie nicht einen speziellen Bereich des Seienden untersucht wie die Wissenschaften, sondern das Seiende als solches, das Seiende als Seiendes. Zur Bezeichnung eines Gegenstandes als solchen, ohne jede Bestimmtheit, nur als ein Etwas, verwendet man den Begriff *Entität.* Das Wort ist vom Lateinischen *ens* für „Seiendes" abgeleitet. Wenn ein Philosoph von Entitäten spricht, dann meint er damit etwas, von dem zunächst nichts anderes ausgesagt wird, als dass es ist, im Sinne von existiert.

3.6. Kategorien, Substanz und Akzidenz

Die Ontologie handelt vom Sein des Seienden. Sie haben aber inzwischen gesehen, dass dieses einfache „sein“ in vielfacher Weise ausgesagt werden kann und ein Seiendes in ganz unterschiedlicher Hinsicht betrachtet werden kann, selbst wenn man von ihm einfach nur sagt, dass es dies oder das, oder so oder anders ist. Um diese verschiedenen Arten des Seins begrifflich trennen zu können, gibt es Kategorien.

Der Begriff der Kategorie geht auf Aristoteles zurück und ist grundlegend für die gesamte Geschichte der Metaphysik. Kategorien sind die Weisen, wie wir vom Seienden sprechen und damit auch denken können. Sie untergliedern die Art und Weise, wie wir Aussagen über Seiendes treffen. Damit sind die Kategorien die allgemeinsten Bestimmungen des Seienden. Seit Kant werden die Kategorien als Denkformen gedeutet, als Denkstrukturen, mit denen wir die Dinge und Ereignisse der Wirklichkeit bestimmen. Damit Sie sich das etwas genauer vorstellen können, will ich Ihnen die beiden wichtigsten Theorien zu den Kategorien, nämlich die von Aristoteles und die von Kant, etwas genauer vorstellen.

Aristoteles unterscheidet zehn Kategorien, wobei eine davon eine ganz besondere Rolle spielt, nämlich der Kategorie der Substanz (auf Griechisch *ousia*). Mit Substanz bezeichnet Aristoteles zunächst einmal das, was allem anderen zugrunde liegt. Die Substanz ist dasjenige, was bestimmte Eigenschaften oder Zustände haben kann. Und diese Eigenschaften und Zustände sind es dann, die von der Substanz ausgesagt werden. Das bedeutet, dass die Substanz etwas Identisches ist, das sich bei allen Veränderungen durchhält.

Nehmen Sie als Beispiel einen Ball. Der Ball kann rot sein. Wenn Sie ihn mit Farbe besprühen, wird er grün, er ändert also die Eigenschaft der Farbe, trotzdem ist es immer noch der gleiche Ball. Solche Eigenschaften wie Farbe, Trockenheit oder Geruch können wechseln und gehören nicht zum Wesen des Balls. Solche Faktoren nennt man Akzidenzien. Die Akzidenzien sind nicht wesentlich für die Substanz, sondern eher zufällig. Ein anderes anschauliches Beispiel, das

Descartes später verwendet, ist das vom Wachs. Nehmen Sie eine Wachskerze und schmelzen Sie dann die Kerze zur Flüssigkeit, und wenn diese erkaltet ist, formen Sie Wachskügelchen daraus. Hier ändert sich nicht nur die Farbe, sondern auch die Konsistenz und das ganze Aussehen, trotzdem ist hier als Wachs etwas Identisches, das sich durch alle Veränderungen hindurchzieht.

Die Substanz definiert Aristoteles als dasjenige, das hinsichtlich seines Seins nicht von etwas anderem abhängig ist. Die Substanz ist etwas Selbständiges, das allen Veränderungen und Modifikationen zugrunde liegt. Eine Akzidenz dagegen ist etwas, das hinsichtlich seines Seins von einem anderem abhängig ist. Eine Farbe zum Beispiel kann nicht für sich bestehen, eine Farbe braucht immer einen Gegenstand, der gefärbt ist. Die Substanz ist dasjenige, das bestimmte Eigenschaften hat, die Akzidenzien sind diese Eigenschaften.

Die Substanz ist also das zugrunde liegende, von dem alle anderen Kategorien ausgesagt werden. Doch Aristoteles gibt der Substanz noch eine weitere Bedeutung. Dies mag auf den ersten Blick verwirrend erscheinen, denn Aristoteles verwendet zwei Begriffe von Substanz. Es hat sich deshalb eingebürgert von erster und zweiter Substanz zu sprechen. Was ich Ihnen oben geschildert habe, ist die erste Substanz: Substanz als das sich gleich bleibende mit wandelbaren Akzidenzien.

Die zweite Substanz ist das Wesentliche an einer Sache. Es ist dasjenige, was notwendig zu einer Sache gehört und ohne die es nicht das wäre, was es ist. Die zweite Substanz definiert das Wesen einer Sache. Zum Wesen des Menschen gehört es, ein vernunftbegabtes Lebewesen zu sein, andere Eigenschaften, wie die, Mann oder Frau, jung oder alt, blond, dunkelhaarig oder kahlköpfig zu sein, sind zufällige Eigenschaften, die nichts daran ändern, ein Mensch zu sein. Ein alter, dicker Glatzkopf ist genauso ein Mensch wie eine junge, schlanke, blonde Frau. Denn beide sind vernunftbegabt.

Die übrigen Kategorien nach der Substanz bezeichnen verschiedene Eigenschaften oder Zustände einer Sache und bereiten dem Verständnis weniger Probleme. Aristoteles nennt, 2) die Quantität, die ausdrückt, wie groß oder lang oder schwer etwas ist, 3) die Qualität, die aussagt, welche Beschaffenheit etwas hat, zum Beispiel welche Farbe oder welche Temperatur. Weiter gibt es, 4) die Relation, die eine Entität in Beziehung zu anderen setzt, indem sie zum Beispiel größer ist. Kategorien sind auch, 5) der Ort, wo etwas ist, 6) die Zeit, die sagt, wann es ist, sowie, 7) die Lage, die seine Position ausdrückt, ob es beispielsweise liegt, oder sitzt oder hängt. Das Haben ist die 8. Kategorie und als die beiden letzten bleiben, 9) das Tun und 10) das Erleiden, das aussagt, was einem Seienden geschieht.

Alle Kategorien im Verständnis von Aristoteles sind Seinskategorien. Sie prägen die Art und Weise in welcher Form ich über Seiendes sprechen kann. Dieses Verständnis von Substanz und den anderen Kategorien blieb bis in die Neuzeit hinein das Gleiche. Immer wurden die Kategorien so verstanden, dass sie das Seiende beschreiben.

Das änderte sich erst mit der Philosophie Immanuel Kants. Für Kant rückt die Frage nach der Erkennbarkeit in den Mittelpunkt. Die Philosophen vor ihm fragten danach, wie wir das erkennen können, was von den Kategorien bestimmt wird. Kant dagegen nimmt die Kategorien selbst als ein Mittel des Erkennens. Aus Seinskategorien werden Verstandesbegriffe. Kant sagt, dass die Kategorien nicht das Seiende selbst formen, sondern dass sie Formen unserer Verstandestätigkeit sind. Die Kategorien, einschließlich der Substanz, sind etwas Subjektives, sie sind Strukturen des Denkens und formen die Wirklichkeit, die dann Erscheinung ist. Eine Welt unabhängig von unseren Erkenntniskategorien kann es nicht geben.

Neben der Liste von Kategorien, die Aristoteles aufgestellt hat, ist Kants Kategorientafel der zweite große Entwurf der Philosophiegeschichte. Kant wirft Aristoteles vor, dass er seine Kategorien einfach so zusammengewürfelt hat, und keine richtige Ordnung hält. Deshalb präsentiert Kant seine Kategorien in Form eines systematischen Aufbaus, bei ihm gibt es vier Gruppen von Kategorien, die jeweils drei Formen umfassen. Die erste Gruppe sind die Kategorien der Quantität, wozu Einheit, Vielheit und Allheit gehören. Durch diese Kategorien der Quantität geschieht die Identifikation von

Entitäten ihrer Menge nach. Gilt eine Zuordnung oder Eigenschaft für etwas Einzelnes, für mehrere von etwas oder für alle.

Als zweite Gruppe nennt Kant die Kategorien der Qualität, als da sind: Realität, Negation und Limitation. Mit ihnen wird unterschieden, ob etwas der Fall ist, oder nicht. Etwas nebulöse ist die dritte Variante, die Limitation. Wenn Sie sagen, dass eine Blume nicht rot ist, dann können Sie das in Form einer Negation tun, wenn Sie es als Verneinung meinen. Wenn Sie dagegen eine Limitation verwenden, dann sagen Sie, eine Blume ist „nicht rot" im Sinne von: Sie hat irgendeine Farbe, außer rot. Das klingt ziemlich weit hergeholt, und der Verdacht liegt nahe, dass Kant neben Realität und Negation unbedingt noch eine Unterscheidung brauchte, um sein symmetrisches Modell von vier mal drei Kategorien aufbauen zu können.

Die dritte Gruppe bilden die Kategorien der Relation, die Beziehungen zwischen Gegenständen herstellen. Hierher gehört 1) die Kategorie von Substanz und Akzidenz, mit der Gegenstände mit bestimmten Eigenschaften identifiziert werden. 2) die Kategorie der Kausalität, das heißt des Verhältnisses von Ursache und Wirkung, und 3) die Kategorie der Gemeinschaft, womit Kant die Wechselwirkung zwischen dem Handelnden und Leidenden bezeichnet.

Als vierte Gruppe bleiben noch die Kategorien der Modalität, mit denen der Verstand unterscheidet, ob eine Tatsache möglich, wirklich oder notwendig ist. Die Kategorien der Modalität werden in Begriffspaaren formuliert: Möglichkeit und Unmöglichkeit, Dasein und Nichtsein und schließlich Notwendigkeit und Zufälligkeit.

3.7. Erste Prinzipien und letzte Gründe

Grund und Ursache

Einer der ersten Grundbegriffe der Philosophie ist die *arché*: der Urgrund alles Seienden. Die Philosophie verstand sich am Anfang als das Wissen von den ersten Gründen. Der Begriff *arché* ist, wie so viele Begriffe der Griechen, nicht eindeutig mit einem Wort zu übersetzen. *Arché* bezeichnet einerseits den Grund im Sinne von Ursache und

Anfang, andererseits aber auch das Prinzip, dasjenige, was alles Nachfolgende bestimmt und festlegt.

Bei Aristoteles werden die philosophischen Grundbegriffe differenziert und ausgestaltet, die für die gesamte Philosophiegeschichte maßgebend bleiben sollen. Zunächst ist da der Begriff der Ursache. Etwas verursacht etwas anderes. Soweit ist das ganz einfach und einleuchtend, nur dass der Begriff der Ursache bei Aristoteles viel umfangreicher ist als in unserem heutigen Sprachgebrauch. Das was wir heute als Ursache verstehen, ist bei Aristoteles nur ein Aspekt von vieren. Es ist die Wirkursache (*causa efficiens*). Daneben stehen die Formursache (*causa formalis*), die Stoffursache (*causa materialis*) und die Zweckursache (*causa finalis*).

Ich möchte Ihnen das an einem Beispiel erläutern, das auch Aristoteles selbst verwendet, nämlich an einer Statue. Das heißt, zuerst gibt es noch keine Statue, zuerst gibt es nur die Idee davon. Die Statue muss erst erzeugt werden. Was ist die Ursache dieser Statue? Die Stoffursache ist der Stein, der rohe Steinblock, aus dem die Statue geschlagen werden muss. Die Formursache ist der Plan der Statue, nach dem die Arbeit auszuführen ist. Diese Form kann zum Beispiel als Zeichnung vorliegen, sie kann aber auch nur im Kopf des Bildhauers als Plan existieren. Damit sind wir auch schon bei der Wirkursache. Die ist nämlich der Bildhauer. Er setzt die Form auf der Basis des Stoffes um. Und was ist dann die Zweckursache? Das ist der Zweck, der mit der Statue verfolgt wird, zum Beispiel dass sie in einem Tempel als Heiligtum aufgestellt wird. Dieses Element der Zweckursache, das für Aristoteles und die klassische Metaphysik eine ganz zentrale Rolle spielt, kommt uns heute wahrscheinlich am fremdesten vor. Zwecke sind in unserem Weltverständnis etwas, das Menschen verfolgen. Die Vorstellung, dass es in der Natur selbst Zwecke gibt, ist uns eher obskur.

Zweck heißt auf Griechisch *Telos*. Ein Weltbild, das alles auf Zwecke ausgerichtet sieht, nennt man daher teleologisch. Und die traditionelle Metaphysik im Gefolge von Aristoteles war teleologisch.

Auch wer philosophiert muss essen, doch dabei muss er mit dem

Philosophieren nicht aufhören. Auch ein Essen hat vier Ursachen. Die Stoffursache sind in diesem Beispiel die ganzen Zutaten, die Formursache ist das Rezept, egal ob aufgeschrieben oder nur im Gedächtnis. Die Wirkursache ist der Koch, und die Zweckursache ist vielleicht eine Einladung, bei der ein leckeres Gericht serviert werden soll oder eine Familienfeier, oder anderes mehr.

Stoff und Form

Das Zusammenspiel von Stoff und Form ist ein grundlegendes Begriffspaar der Metaphysik. Statt Stoff können Sie auch Materie oder Inhalt sagen, dann wird vielleicht deutlicher, was mit diesem Prinzip gemeint ist. Bleiben Sie gleich in der Küche, und nehmen Sie zur Veranschaulichung einen Kuchens. Wenn Sie einen Kuchen backen wollen, dann haben Sie zuerst einen Teig, eine formlose Masse, die Sie in jede beliebige Gestalt kneten können. Der Teig, ist also zunächst formlos, er ist aber formbar. Nun holen Sie eine Kuchenform hervor und geben den Teig hinein. Er wird gebacken und Sie erhalten einen Kuchen mit einer bestimmten Form. Die Kuchenform hat den Teig in diese Form gebracht, in der er jetzt auch bleibt. Der Kuchen zerfließt nicht mehr, jedenfalls nicht von alleine.

Um einen wirklichen Kuchen zu erhalten brauchen Sie beide Elemente. Sie brauchen einen Stoff, den Teig, und Sie brauchen die Form. Ohne Form erhalten Sie nur einen formlosen Klumpen, doch ohne den Teig bleibt die Form leer. Stoff und Form bedingen sich gegenseitig, die Dinge entstehen nur aus dem Zusammenspiel beider. Und noch etwas ist wichtig: Den Stoff können Sie in verschiedene Formen bringen. Aus dem gleichen Teig könnte ein Kastenkuchen, ein Kranzkuchen oder ein Gugelhopf entstehen. Genauso könnten Sie die Form auf verschiedene Teigarten anwenden. Mit der gleichen Form könnte ein Schokoladenkuchen, ein Marmorkuchen oder was immer Sie wollen entstehen.

Die Philosophie ist nun keine Kuchenbäckerei, sondern hat es mit der ganzen Wirklichkeit zu tun. Die klassische Metaphysik sah auch die ganze Wirklichkeit als ein Zusammenspiel von Stoff und

Form. Alle Einzeldinge entstehen dadurch, dass die Materie durch die Form bestimmt wird. Die Materie verkörpert dabei das passive, die Form das aktive und gestaltende Element. Und noch ein anderes Gegensatzpaar knüpft sich hier an. Die Materie ist bloße Möglichkeit, erst durch die Form wird eine bestimmte Erscheinungsform zur Wirklichkeit.

Wesen und Erscheinung

Das Begriffspaar von Wesen und Erscheinung zieht sich ebenfalls durch die gesamte Philosophiegeschichte und hat eine prägende und manchmal irreführende Kraft entfaltet. Der Grundgedanke dahinter besagt, dass ein Sache sich anders verhalten kann, als sie sich zeigt. Sie verhält sich also in Wirklichkeit anders als ihre Erscheinung. Die Erscheinung wird damit sehr schnell zum Schein oder gar zur Täuschung. Das was etwas wirklich ist, wird als das Wesen der Sache verstanden, zu ihr muss man in der Erkenntnis erst hindurchdringen.

Die früheste und wirkungsmächtigste Ausgestaltung dieses Gedankens ist Platons Theorie der Idee. Für Platon sind die Dinge der empirischen Welt nur Bilder der dahinter stehenden Formen, die er Ideen nennt. Die Philosophie hat demzufolge das Ziel durch diese bloßen Erscheinungen zum Wesen der Dinge vorzudringen, und dieses Wesen wird allein durch das Denken erreicht. Die Sinne können uns täuschen.

Auf diese Weise gerät schon ganz am Anfang der Philosophiegeschichte ein sinnlichkeitskritischer Ton in die Philosophie. Dies sollte so bleiben bis in die Neuzeit hinein.

Einzelnes und Allgemeines

Mit der Trennung von Stoff und Form und von Erscheinung und Wesen hängt ein weiteres Begriffspaar zusammen, nämlich die Unterscheidung zwischen dem Einzelnen und dem Allgemeinen. Das Einzelne ist immer eine Ausgestaltung, eine Erscheinung des Allgemeinen. Das Einzelne könnte nicht als das bestimmt werden, was es ist, ohne das Allgemeine. Das Allgemeine könnte überhaupt nicht sicht- und greifbar werden ohne das Einzelne.

Dieses Buch, das Sie in der Hand halten ist ein einzelner Gegenstand und es ist blau. Blau ist eine Eigenschaft, die vielen Gegenständen zukommt, zum Beispiel blauen Bällen oder blauen Jacken. Blau ist etwas Allgemeines. Aber auch ein Buch zu sein, ist etwas Allgemeines, und die vielen einzelnen Bücher, die es gibt, sind nur Vertreter dieses Allgemeinen und können nur deshalb als Bücher bezeichnet werden. Die Entdeckung des Allgemeinen ist eine der wichtigsten Entdeckungen der griechischen Philosophie.

4. Erkenntnistheorie und Wissenschaftstheorie

4.1. Woher wissen wir, was wir wissen?

Die Erkenntnistheorie befasst sich damit, wie Erkenntnis von der Welt zustande kommt. Wovon können wir etwas wissen? Wie entsteht Wissen? Und was heißt „wissen" überhaupt? Zunächst müssen die Voraussetzungen des Erkennens geklärt werden, und dann die Frage, wie wir zu gesicherter Erkenntnis gelangen können.

Nehmen Sie an, Sie sehen auf der Straße das Auto Ihres Freundes Peter Wurlitz. Was sehen Sie dann eigentlich? Sie sehen ein rotes Auto. Wirklich? Wie sehen Sie es? Was heißt es überhaupt, dass Sie etwas sehen? Sie sehen mit den Augen und Sie sehen ein rotes Auto. Aber ist das Auto selbst wirklich rot? Wir wissen, dass es in der Wirklichkeit überhaupt keine Farben gibt, sondern dass die unterschiedlichen Wellenlängen des Lichts den subjektiven Eindruck von Farben erwecken.

Das wissen wir aus den Naturwissenschaften. Aber erreichen wir mit deren Erkenntnissen, mit den Ergebnissen der Biologie oder der Physik die Realität so wie sie wirklich ist? Mit dieser Auffassung von „wirklich" meinen wir die Welt wie sie an sich ist, so wie es sich objektiv verhält. Wir wollen uns ja nicht damit begnügen, dass uns etwas nur so und so vorkommt, dass es uns nur so erscheint. Oder geht das gar nicht? Müssen wir uns damit begnügen, dass wir Dinge immer so erkennen, wie sie uns Menschen erscheinen?

Die Frage, wie wir überhaupt etwas erkennen, führt uns also zu der Frage, ob wir tatsächlich das erkennen, was die Wirklichkeit ist, und wie wir das überhaupt beurteilen können.

Wenn Sie jemand fragt, woher Sie wissen, dass etwas sich so oder anders verhält, dann lautet eines der stärksten Argumente, das man normalerweise anführt, man habe es mit eigenen Augen gesehen. Sie haben also zum Beispiel gesehen, dass Herr Müller seine Nachbarin Frau Meier geküsst hat, obwohl doch beide verheiratet sind. Aber was genau haben Sie gesehen? Er hat sich zu ihr gebeugt und sie geküsst? Wie weit waren Sie entfernt? Und aus welcher Perspektive haben Sie die beiden gesehen? Sie waren ungefähr zwanzig Meter entfernt, sahen die Szene durch die Gardine Ihres Küchenfensters und außerdem bot Ihnen Herr Müller nur seinen Rücken dar. Vielleicht flüsterte er seiner Nachbarin etwas ins Ohr, vielleicht war es ein freundschaftlicher Wangenkuss, vielleicht war er auch nur einer Wespe ausgewichen. Kann es sein, dass Ihre Beobachtung, die beiden hätten sich geküsst, vielleicht auch damit zusammenhängt, dass Sie Gerüchte gehört haben, mit der Ehe der Müllers stehe es nicht zum Besten?

Das Beispiel ist alltäglich und harmlos, aber ähnliche Fragen müssen sich Zeugen vor Gericht gefallen lassen. Dabei wird ihnen gar nicht mal unterstellt, sie würden lügen. Es mag sein, dass der Zeuge wirklich fest davon überzeugt ist, was er gesehen zu haben glaubt, so wie Sie fest davon überzeugt sind, einen ehebrecherischen Kuss gesehen zu haben.

Zwei Männer stehen einander gegenüber, dann heben beide fast gleichzeitig die rechte Hand und berühren einander mit den Handflächen, wobei sie die Hand des jeweils anderen für einige Sekunden festhalten. Dazu öffnen sie ihre Münder und zeigen einander kurz die Zähne. Niemand beschreibt eine Szene so, höchstens ein Außerirdischer, der mit menschlichen Gepflogenheiten nicht vertraut ist. Sie werden sagen: die beiden Männer begrüßten sich freundlich. Fertig. Aber damit haben Sie nicht beschrieben, was Sie tatsächlich gesehen haben, sondern sie liefern gleich eine Interpretation des Gesehenen. Sie ordnen es in einen Zusammenhang ein.

Nehmen sie ein anderes Beispiel, dieses Mal ohne menschliches Verhalten. Sie fahren mit dem Auto durch die Stadt München und plötzlich sehen Sie die Frauenkirche. Haben Sie wirklich die Frauenkirche gesehen? Sie haben in einer Lücke zwischen den Gebäuden zwei Zwiebeltürme gesehen, die die Frauenkirche sein mussten, zumindest sahen sie genau so aus, wie die Frauenkirche aussieht. Woher Sie das wissen? Weil Sie schon Bilder der Frauenkirche gesehen haben. Und woher wissen Sie, dass es wirklich Bilder der Frauenkirche waren? Weil das bei dem Bild dabei stand, und weil das Bild aus einem Lexikon stammt, das als seriös gilt. Aber wann sehen Sie überhaupt „die Frauenkirche“? Sie sehen einen Turm, sie sehen die Kirche von vorne, von der Seite, vielleicht durch ein Baugerüst. Aber Sie wissen, dass es die Frauenkirche ist, weil Sie wissen, wie sie aussieht.

Folgende Geschichte ist jemandem vor etlichen Jahren in Italien passiert. Er war mit dem Auto unterwegs und musste sich mittels einer Landkarte in seinem Reiseführer den Weg suchen, denn es gab noch keine Navigationssysteme. Er wollte die Stadt Siena besuchen und glaubte auch wirklich, die Stadt gefunden zu haben. In seinem Reiseführer stand, dass Siena einen sehr großen Markplatz habe, an dem der Dom liege. Er fand, dass dies übertrieben sei. Es gab zwar einen relativ großen Platz, auf dem tatsächlich der Dom stand, aber die Szenerie war keineswegs so beeindruckend. Auch die Kirche war sicher sehenswert, aber im Vergleich zu anderen Domen eher mickrig. Er verließ die Stadt wieder, mit der Überzeugung, dass sein Reiseführer ziemlich übertreibe. Wieder zu Hause in Deutschland erzählte er überall, dass Siena allgemein überschätzt werde. Auf die Idee, dass er sich vielleicht geirrt hatte und gar nicht in Siena war, sondern in einer anderen Stadt, kam er in keinem Augenblick.

Wenn Sie etwas sehen, ein Gebäude, eine Stadt, einen Menschen, oder wenn Sie ein Ereignis beobachten, dann sehen Sie immer Ausschnitte oder einzelne Bewegungen, den Rest fügen Sie hinzu, weil Sie den Gesamtzusammenhang kennen oder zu kennen glauben. Und wenn Sie mit völlig falschen Voraussetzungen an die Szene herangehen, dann sehen Sie trotzdem etwas Sinnvolles, weil ihr Gehirn alle Beobachtungen in einen Gesamtzusammenhang einfügt, und immer eine mehr oder weniger sinnvolle Erkenntnis konstruiert.

Im alltäglichen Leben gibt es normalerweise kein Problem damit. Sie nehmen über Ihre Sinnesorgane alle möglichen Reize auf, wobei bereits hier weit über neunzig Prozent aller Reize einfach weggefiltert werden. Diese Reize, die über Augen, Ohren oder den Tastsinn von Ihnen aufgenommen werden, verarbeitet Ihr Gehirn zu sinnvollen Erkenntnissen. Dabei fließen Erinnerungen, Erwartungen und allgemeine Kenntnisse über die Umstände, in denen Sie sich gerade befinden, mit ein.

Woher also wissen Sie all die Dinge, die Sie wissen? Wovon haben Sie sich persönlich überzeugt? Sie wissen Dinge, die Sie selbst gesehen oder erlebt haben, aber auch Dinge die Sie gelernt haben, von denen Ihnen erzählt wurde, oder die Sie gelesen haben. Manchmal wissen Sie aus diesen Quellen auch, dass etwas, das Sie sehen „in Wirklichkeit“ nicht so ist. Der Augenschein kann täuschen.

Und bisher haben Sie immer nur danach gefragt, was Sie selber wissen und sehen. Doch woher wissen Sie, dass andere Menschen das Gleiche fühlen und sehen wie Sie? Aber ist das denn überhaupt der Fall?

4.2. Gewissheit und Zweifel

Statt einer Grundlage für sichere Erkenntnis haben wir nur immer neue Quellen der Verunsicherung gefunden. Eine mögliche Konsequenz bestünde darin, die Suche nach der Wahrheit für gescheitert zu erklären. Eine philosophische Haltung, die es für unmöglich erklärt, gesicherte Erkenntnis über die Welt zu erlangen, bezeichnet man als Skeptizismus. Der Skeptiker hält prinzipiell alles für unsicher und widerlegbar und ersetzt Wahrheit durch Wahrscheinlichkeit. Bereits in der Antike gab es eine regelrechte Schule des Skeptizismus, deren bekanntester Vertreter Sextus Empiricus (ca. 150-220) war.

Gemeinsam ist den Skeptikern zu allen Zeiten, dass sie eine vollständige Welterkenntnis für unmöglich halten, wobei der Skeptizismus unterschiedlich radikal auftreten kann. Ein gemäßigter Skeptiker wird allen systematischen Welterklärungen gegenüber misstrauisch bleiben und jede Wahrheit für bezweifelbar halten. Eine gewisse Skepsis dieser Art ist sogar eine Voraussetzung des Philosophierens. Der radikale Skeptiker dagegen hält eine objektive Erkenntnis generell für unmöglich, wodurch Wahrheit überhaupt zu etwas Relativem wird. Dem Sophisten Gorgias (485-410 v. Chr.) wird der Ausspruch zugeschrieben, dass Erkenntnis überhaupt nicht möglich sei. Nichts existiert, sagte Gorgias, und wenn es doch etwas gäbe, dann könnte man es nicht erkennen, und selbst wenn man etwas erkennen könnte, dann könnte man es nicht mitteilen.

Von diesen Arten der Skepsis ist der methodische Zweifel zu unterscheiden. Hier dient die Skepsis dazu, gerade zu einer möglichst sicheren Erkenntnis zu gelangen. Der methodische Skeptiker unterzieht jede Erkenntnis dem radikalsten Zweifel, um sie zu prüfen, mit dem Ziel die These möglichst sicher zu machen. Mit René Descartes wird der methodische Zweifel zum Anstoß für die Philosophie der Neuzeit. Dieses Prinzip liegt bis heute den Wissenschaften zu Grunde, und wird von Karl Popper auf den Begriff gebracht, wenn er jede wissenschaftliche Theorie als Hypothese behandelt, die grundsätzlich revidiert werden kann.

Die moderne Erkenntnistheorie hat ihre Wurzeln also bei René Descartes. Er stellt sich ähnliche Fragen wie die, auf die Sie oben gestoßen sind, und er versucht sie restlos zu beantworten. Das wichtigste Werk Descartes', in dem er eine Neuausrichtung der Philosophie vornimmt, sind seine „Meditationen über die erste Philosophie". Sein Ziel ist es, eine wirklich gesicherte und absolut gewisse Erkenntnis zu erreichen. Und wirklich gewiss ist eine Erkenntnis dann, wenn man nicht mehr an ihr zweifeln kann. Der Zweifel wird zum entscheidenden Prüfstein für jede Theorie und jede Erkenntnis. Wahrheit wird bei Descartes also als Gewissheit verstanden. Die Erkenntnisse, die aus Sinnesdaten stammen, fallen damit schon mal als Kandidaten aus, denn den Sinnen kann man nicht trauen, zu oft haben sie schon getäuscht.

Doch Erkenntnisse, die nicht aus den Sinnen kommen, sondern aus Ihrem direkten Erleben, die müssen doch gewiss sein. Descartes denkt dabei an solche Gewissheiten, wie die Tatsache, dass Sie auf in einem Sessel sitzen und gerade dieses Buch lesen. Das erleben Sie ja gerade. Aber Sie haben sicher auch schon Dinge erlebt, von denen sich später herausstellte, dass sie nur geträumt waren. Wie sicher können Sie sein, nicht gerade jetzt zu träumen? Ziemlich sicher? Sehr sicher? Absolut sicher? Und was heißt überhaupt „träumen"?

Kennen Sie den Film „Matrix“? Dort wird eine zukünftige Welt geschildert, in der die Maschinen die Macht übernommen haben. Die Menschen werden als Energiereservoir genutzt. Dazu steckt man sie in Gefäße mit einer Nährflüssigkeit und schließt Dioden an ihren Köpfen an. Damit die Menschen sich das gefallen lassen, wird ihnen eine fiktive Realität vorgegaukelt. Während sie in riesigen Schächten in ihren Kapseln liegen, glauben sie in Städten zu leben, einer Arbeit nachzugehen und ihren Spaß zu haben. Es ist ein kollektiver Traum. Das ist Science Fiction, keine Frage. Aber es ist vorstellbar und wenn sie sich in solche Ideen vertiefen, sehen Sie die Welt mit anderen Augen.

Ob man träumt oder wacht, ist eines der ältesten Probleme der Philosophie. Der chinesische Philosoph Zhuangzi (365-290 v. Chr.) erzählt das Gleichnis von einem Mann, der jede Nacht träumt, ein Schmetterling zu sein. Jede Nacht ist es der gleiche Traum, er fliegt über die Wiesen und durch die Wälder und wenn er aufwacht, ist er wieder der Mann. Doch wie ist es in Wirklichkeit? Ist er ein Mann, der nachts träumt, ein Schmetterling zu sein, oder ist er ein Schmetterling, der tagsüber träumt, ein Mann zu sein? Wenn beide Zustände sich die Waage halten, dann ist diese Frage nicht mehr zu entscheiden.

Doch zurück zu Descartes, denn er ist in seiner Argumentation noch nicht fertig. Ging es bisher immer noch um Wissen, dass Sie über die Welt haben, so geht es jetzt ans Eingemachte. Für Descartes sind dies die Gewissheiten der Mathematik. Die Winkelsumme in einem Dreieck beträgt 180 Grad und 2 + 2 ist 4. Kann es etwas Gewisseres geben? Hieran kann doch niemand zweifeln. Doch jetzt holt Descartes die größte Keule heraus: Angenommen es gibt einen allmächtigen Gott und angenommen dieser Gott ist böse, dann könnte er Sie jedes Mal, wenn Sie eine simple Rechenoperation durchführen, so täuschen, dass sie falsch rechnen. Zugegeben, das Beispiel ist weit hergeholt, aber Descartes will damit veranschaulichen, dass der Zweifel schier grenzenlos werden kann. Wenn Sie jetzt sagen, das grenze schon an Geisteskrankheit, dann argumentieren Sie mit dem gesunden Menschenverstand, der bestimmte Grundlagen einfach als gegeben voraussetzt. Die Philosophie setzt nichts voraus, und manchmal klingen die Überlegungen der Philosophie tatsächlich nach Geisteskrankheit.

Kann also wirklich alles angezweifelt werden? Nicht alles, sagt Descartes. Es gibt nämlich etwas, das bei jedem auch noch so radikalen Zweifel immer vorausgesetzt werden muss, und dass bin ich, beziehungsweise das sind Sie. Egal wie sehr ich mich auch immer täuschen mag und wie immer ich getäuscht werde, zweifellos bleibt doch die Tatsache, dass ich als der Getäuschte existiere. Woran immer ich auch zweifle, so muss es doch mich als den Zweifelnden geben. Ich denke, also bin ich. Bei der Frage, was ich bin, fangen schon wieder die Probleme an, doch *dass* ich bin, das ist sicher. Wenigstens das.

Descartes' radikaler Zweifel ist ein methodischer Zweifel, denn er sucht eine sichere Grundlage, von der aus ein System der Wissenschaft aufgebaut werden kann. Und diesen sicheren Punkt findet er in der Gewissheit des Ich, im Selbstbewusstsein. Descartes wird über den Umweg eines ontologischen Gottesbeweises die Erkenntnis der Welt wieder ermöglichen. Das muss hier nicht interessieren. Wichtig für die Frage nach der sicheren Erkenntnis ist eine Folgerung aus seiner Theorie. Wenn nämlich nur das Ich, nur das Subjekt wirklich sicher ist, und alles andere, wovon wir Erkenntnis erlangen können, grundsätzlich zweifelhaft, dann wird die ganze Wirklichkeit in zwei Teile getrennt, nämlich das Ich und die Außenwelt.

Die letzte Konsequenz dieser Teilung besteht darin, dass nicht nur die Inhalte der Außenwelt, sondern die ganz Welt insgesamt zweifelhaft wird. Dies kann so weit gehen, dass ich die Existenz der Außenwelt grundsätzlich in Frage stellen kann. Woher weiß ich überhaupt, dass es außer mir noch etwas anderes gibt? Woher weiß ich, dass ich mir nicht alles immer nur in dem Moment, in dem es geschieht, einbilde? Woher weiß ich, dass das Bild an der Wand noch da ist, wenn ich mich umdrehe, und es nicht mehr sehe?

Man nennt eine solche Position Solipsismus. Der Solipsismus radikalisiert den Zweifel bis zum Äußersten. Aber ist der Solipsismus eine ernst zu nehmende Theorie? Eigentlich nicht, denn er hebt die Erkenntnis ja gerade auf. Der Solipsismus ist jedoch auch nicht zu widerlegen, da jedes mögliche Argument ja schon voraussetzen würde, dass es eben nicht nur eingebildet wäre. Man kann den Solipsismus als unsinnig einsehen, man kann ihn aber nicht argumentativ widerlegen. Es sei aber zugestanden, dass jemand, der ernsthaft Solipsist ist, vielleicht doch besser in einer Klinik aufgehoben wäre.

Wittgenstein sagt, dass ein Zweifel nur auf der Grundlage bestimmter Gewissheiten sinnvoll ist. Sie können zweifeln, ob Sie Ihre Haustür abgeschlossen haben und zur Sicherheit nochmals zurückfahren, um sich zu überzeugen. Doch es ist widersinnig, zu zweifeln, ob das Haus noch da ist, wenn Sie die Stadt verlassen. In seinem postum veröffentlichten Buch „Über Gewissheit" befasst sich Wittgenstein mit der Frage, wann es überhaupt sinnvoll ist, etwas zu bezweifeln. Wie sinnvoll ist es, daran zu zweifeln, dass ich zwei Hände habe? Sind sie noch da, wenn ich sie nicht sehe? Hier wird der Begriff des Zweifelns auf etwas angewendet, wofür er nicht gedacht ist. Denn woran wollen Sie sich überhaupt noch orientieren, wenn Sie solche Tatsachen anzweifeln? In bestimmten Fällen kann ein solcher Zweifel aber durchaus angebracht sein, zum Beispiel wenn Sie einen schweren Unfall mit einer Häckselmaschine hatten und irgendwann bandagiert im Krankenhaus aufwachen. In einer solchen Situation könnten Sie durchaus daran zweifeln, ob Sie noch zwei Hände haben. An diesem Beispiel wird der entscheidende Unterschied sichtbar. Oberflächlich handelt es sich beide Male um die gleiche Sache: Jemand zweifelt, ob er zwei Hände hat. Doch im zweiten Beispiel ist die Situation so, dass er durchaus aufwachen könnte und ihm wäre nach dem Unfall eine Hand amputiert worden. Ein Zweifel ist nur dort angebracht, wo ich mich auch irren kann, sagt Wittgenstein, wo es auch möglich ist, dass die bezweifelte Tatsache vielleicht nicht besteht.

4.3. Rationalismus versus Empirismus

Mit der Philosophie der Neuzeit rückt die Frage nach der Erkenntnis in den Mittelpunkt des Interesses. Bevor man über das Sein redet, muss man sich zuerst über die Struktur seines Erkenntnisvermögens klar werden. Die Erkenntnistheorie wird jetzt zur fundamentalen Disziplin der Philosophie und verdrängt die Metaphysik, oder verwandelt sie zumindest. Die entscheidende Weichenstellung vollzog René Descartes mit seiner Frage nach der absoluten Gewissheit.

In der Nachfolge von Descartes spaltet sich die Philosophie in die beiden Richtungen des Rationalismus und des Empirismus. Der Streit entzündet sich an der Frage nach der Sicherheit der Erkenntnis. Für den Rationalismus, der sich am Vorbild der Mathematik orientiert, ist sichere Erkenntnis nur im Verstand zu finden. Erkenntnis aus der Sinneserfahrung hat aus dieser Perspektive immer etwas Zufälliges und Unsicheres. Nur eine Erkenntnis, die der Vernunft einleuchtet und die bewiesen werden kann, ist wirklich gesichert, und man kann nicht an ihr zweifeln.

Das letzte Kriterium ist die Evidenz, die intuitive Einsicht, dass etwas gar nicht anders sein kann. Eine solche Erkenntnis ist selbstevident. Da eine derartige Gewissheit nicht aus den Sinnesdaten kommen kann, muss sie mit dem Verstand verbunden sein. Es handelt sich somit um ein angeborenes Wissen. Sofern Sie über eine Vernunft verfügen, haben Sie auch diese Erkenntnisse. Sie müssen nur richtig nachdenken, dann leuchten Sie Ihnen auch ein. Aussagen, die selbstevident sind, können durch die empirische Erfahrung niemals widerlegt werden. Und was sollen solche angeborenen Erkenntnisse sein? In erster Linie natürlich die Gesetze der Logik und der Mathematik, sowie die Grundbegriffe der Metaphysik.

Ganz anders geartet ist der Ansatz des Empirismus, als dessen Begründer John Locke (1632–1704) gelten kann. Er entwirft seine Theorie in seinem Hauptwerk „Versuch über den menschlichen Verstand“. Für Locke stammt alles Wissen aus der Erfahrung, das heißt aus den Sinnesorganen. Woher sollte es auch sonst kommen? Der Verstand eines Neugeborenen ist wie ein leeres Blatt, sagt Locke.

Nichts ist im Geist, was nicht vorher in den Sinnen war. Aus den Sinnesdaten und deren Zusammenfügung zu komplexen Begriffen entsteht unsere Erkenntnis. Sie bekommen also über Ihre Sinnesorgane primäre Daten geliefert, die Sie miteinander kombinieren, und aus denen Sie auch Vorstellungen abstrahieren können. Wenn Sie einen gelben Ball gesehen haben und eine rote Rose, dann können Sie sich auch einen roten Ball oder eine gelbe Rose vorstellen. Und wenn Sie außer Rosen auch Tulpen und Nelken gesehen haben, dann können Sie daraus den allgemeinen Begriff einer Blume abstrahieren. Die Quelle der Erkenntnis liegt aber ausschließlich in der Sinneserfahrung, in der Empirie. Wenn Sie wissen möchte, wie sich etwas verhält, müssen Sie nachschauen und Sie müssen wissenschaftliche Experimente durchführen. Durch reines Nachdenken gelangen Sie nur zu leeren Spekulationen.

Beide Positionen erscheinen auf den ersten Blick einleuchtend. Bei näherer Betrachtung werfen allerdings beide ihre Probleme auf. Das Grundproblem liegt darin, dass ich intuitive Gewissheit nur über mich als Subjekt gewinnen kann. Die Erkenntnis über die Welt erscheint grundsätzlich problematisch. Der Rationalismus sucht die sichere Erkenntnis nur in der Vernunft und will die Welt durch reines Nachdenken erklären. Sein wichtigstes Werkzeug ist die logische Schlussfolgerung. Die Systementwürfe des Rationalismus, dessen Hauptvertreter neben Descartes Baruch de Spinoza (1632–1677) und Gottfried Wilhelm Leibniz (1646–1716) sind, geraten in die Gefahr sich meilenweit vom gesunden Menschenverstand zu entfernen. Für das Ziel der inneren Schlüssigkeit zahlen sie den Preis, dass ihre Theorien abenteuerlich werden und diverse Zusatzannahmen benötigen, wie einen planenden Gott, der Monaden programmiert bei Leibniz, oder einen umfassenden Pantheismus bei Spinoza.

Der Empirismus, der vor allem auf den britischen Inseln zu Hause ist, scheint mit dem gesunden Menschenverstand im Einklang zu stehen. Doch nur so lange, bis er zu Ende gedacht wird. Denn sein Hauptproblem besteht darin, dass auf empirischem Wege kein sicheres Wissen über die Welt zu erreichen ist. Aus einzelnen

Beobachtungen können wir nie zu notwendiger Allgemeinheit gelangen und auf alle Fälle schließen. George Berkeley (1685–1753) versucht das Problem dadurch zu lösen, dass er die Dinge hinter den Sinnesdaten weg kürzt, womit es nur noch Sinnesdaten als Vorstellungen gibt. Damit gerät er in gefährliche Nähe zum Solipsismus, woraus er sich nur durch die Annahme Gottes retten kann.

David Hume (1711–1776) verzichtet auf metaphysische Hilfshypothesen und zieht die letzten Konsequenzen des Empirismus, indem er die notwendige Wahrheit aufgibt. Hume erläutert dies in seinem Buch „Untersuchung über den menschlichen Verstand" am Beispiel des Kausalitätsgesetzes. Wir gehen normalerweise davon aus, dass die Beziehungen zwischen Ursache und Wirkung notwendig gelten. Wenn wir ein Feuer anzünden, dann wird es heiß. Warum erwarten wir dies? Weil es immer so gewesen ist. Wir haben die Beobachtungen von Feuer und Hitze gemacht, und da diese Beobachtungen bisher immer aufeinander folgten, gehen wir davon aus, dass es auch in Zukunft so sein müsse. Dabei beruht diese Erwartung nur auf Gewohnheit. Da etwas sich bisher immer so verhielt, muss es grundsätzlich immer so sein. Dieser Schluss ist aber falsch, da aus empirischer Beobachtung keine Notwendigkeit folgen kann.

Ein Huhn macht die Erfahrung, dass es immer Futter gibt, wenn der Bauer kommt. So lange das Huhn existiert, war es immer so, also könnte das Huhn, sofern es denken könnte, daraus schließen, dass das Erscheinen des Bauern notwendig mit Futter verbunden ist. Aus dem Erscheinen des Bauern folgt Futter. Bis der Bauer eines Tages kommt, um das Huhn zu schlachten.

Hume zieht die Konsequenz, dass die Kausalität nur mit einer gewissen Wahrscheinlichkeit gilt. Es mag bisher immer so gewesen sein, dass es heiß wurde, wenn Feuer angezündet wurde, und es mag auch in Zukunft so sein, doch egal wie oft das Ereignis eingetreten ist, plötzlich kann es anders kommen. Egal wie oft ein Stein zur Erde fiel, wenn Sie ihn losließen, und wenn es tausende Male waren, es ist möglich, dass der Stein beim nächsten Mal nicht fällt. Das ergibt sich unter der Bedingung, dass Erfahrung die einzige Quelle Ihrer Erkenntnis ist.

Begann die neuzeitliche Philosophie bei Descartes mit einem methodischen Zweifel, um zu einer absolut sicheren Gewissheit zu gelangen, so führt die Diskussion offensichtlich zurück zum Skeptizismus. Denn Hume ist letztendlich Skeptiker. Alle Aussagen über die empirische Welt, die physikalischen Naturgesetze eingeschlossen, können über einen Grad der Wahrscheinlichkeit nicht hinausgelangen. Auch eine an Sicherheit grenzende Wahrscheinlichkeit ist eben eine Wahrscheinlichkeit und keine Sicherheit. Für unser Alltagsleben reicht dies auch völlig aus, sagt Hume. Aber die Philosophie kann sich damit nicht zufrieden geben. Dies ist die Ausgangssituation für das Denken Kants.

4.4. Kants Transzendentalphilosophie

Mit Immanuel Kants „Kritik der reinen Vernunft" beginnt ein neues Zeitalter in der Philosophie. Dies geht soweit, dass man die Philosophiegeschichte in eine Zeit vor und nach Kant einteilen kann. Sie haben Kants Theorie schon bei der Betrachtung der Metaphysik kennengelernt. Die Wurzeln seiner Philosophie liegen jedoch in den Problemen der Erkenntnistheorie.

Kant reagiert auf das Patt zwischen Rationalismus und Empirismus, indem er feststellt, dass beide sowohl Recht als auch Unrecht haben. Zunächst folgt er dem Empirismus, denn alle Erkenntnis beruht auf Erfahrung, sagt Kant. Damit lässt er es jedoch nicht bewenden, denn er untersucht das menschliche Erkenntnisvermögen in seinen Einzelheiten. Bevor wir überhaupt Aussagen über die Welt treffen und bevor wir darüber streiten können, welche Aussagen notwendig gelten und wie sicher einzelne Erkenntnisse sind, müssen wir uns damit befassen, wie Erkenntnis überhaupt zustande kommt. Kant fragt nach den Voraussetzungen, nach den Bedingungen unserer Erkenntnis.

Eine solche Untersuchung nennt er transzendental und er bezeichnet seine ganze Philosophie als Transzendentalphilosophie.

So wie man den Bereich, der an den Grenzen der Erkenntnisfähigkeit liegt, und wo es um Gott, Anfang der Welt und Unsterblichkeit geht, als transzendent bezeichnet, so gibt es auch ein Gebiet, das vor aller Erkenntnis liegt, und in dem es um die Werkzeuge und Voraussetzungen der Erkenntnis geht, und das ist transzendental.

Erfahrung kommt zunächst aus den Sinnesdaten, aber was sind dies für Daten, die wir über die Sinne erhalten? Sehen Sie etwa ein rotes Auto und hören Sie wie jemand die Tür zuschlägt? Das was Sie über Ihre Augen und Ohren aufnehmen, sind Wellen einer bestimmten Frequenz, die auf die Sinnesrezeptoren in Ihren Augen treffen, und allererst im Gehirn zu der Empfindung der Farbe Rot geformt werden, um den Ablauf ganz vereinfacht zusammenzufassen. Über andere Rezeptoren empfangen Sie Wellen, die einen gewissen Geräuschpegel erreichen und sich aus einem ganzen Geräuschteppich irgendwie hervorheben. Ihre Sinne liefern Ihnen also zunächst ein schieres Chaos an diversen Reizen, und bereits deren Bezeichnung als optische Eindrücke, Geräusche, Gerüche und Tastempfindungen ist eine Interpretation.

Doch damit ist Kant noch nicht fertig. Alle Reize, die Sie über Ihre Sinnesorgane empfangen, nennt Kant Anschauungen. Und diese Anschauungen werden in bestimmten Anschauungsformen wahrgenommen, nämlich in Raum und Zeit. Die scheinbar selbstverständliche Tatsache, dass alle Eindrücke räumlich und zeitlich angeordnet sind, ist für Kant keineswegs selbstverständlich. Denn Raum und Zeit sind nicht etwas, das einfach da ist, Raum und Zeit sind Anschauungsformen Ihres Erkenntnisapparats. Wir Menschen sind so beschaffen, dass wir Reize nur in räumlichem Nebeneinander und zeitlichem Nacheinander aufnehmen können. Raum und Zeit sind der Rahmen, innerhalb dessen die Welt sich ereignen kann.

Doch bisher haben wir nur ein diffuses Reizgewitter. Um darin Gegenstände und Ereignisse wahrnehmen zu können, muss noch etwas hinzukommen. Dies sind bei Kant die Strukturen des Denkens, die den Verstand ausmachen. Es sind die Kategorien, die Sie schon kennengelernt haben. Mittels der Kategorie der Substanz identifizieren Sie in ihren optischen Sinneseindrücken ein Auto mit einer bestimmten Form und der Farbe Rot und können es von räumlich umgebenden Eindrücken abgrenzen. Mittels der Kategorie der Kausalität verbinden Sie das laute Geräusch mit dem Zuschlagen der Tür, und so weiter.

Jede Erkenntnis setzt sich aus einem Zusammenspiel von sinnlicher Anschauung und Verstandesbegriff zusammen. Ohne diese ordnenden Kategorien wären Sie einem wilden Rauschen von Licht- und Farbblitzen und Geräuschen in allen möglichen Frequenzen ausgesetzt, wobei ich die anderen Sinne jetzt der Einfachheit halber beiseite lasse. Unsere Erkenntnis setzt sich also zusammen aus Sinnesreizen, die von außen kommen und von uns unabhängig sind, und Anschauungs- und Denkformen, die wir als unser Erkenntnisvermögen mitbringen, und mit denen wir diese Reize ordnen. Beides muss zusammenkommen. Anschauungen ohne Begriffe sind blind, Begriffe ohne Anschauungen sind leer, sagt Kant. Daraus entsteht für uns die Wirklichkeit.

Alle Dinge und Ereignisse der Wirklichkeit sind deshalb relativ auf uns als erkennende Subjekte. Sie werden von uns mitkonstruiert. Deshalb sagt Kant, dass unsere Erkenntnis es mit Erscheinungen zu tun hat, und nicht mit Dingen an sich. In dieser Wirklichkeit kann weder ein Gegenstand noch ein Ereignis auftreten, das nicht unter den Bedingungen der Kategorien steht. Die Verknüpfung von Ursache und Wirkung ist somit eine notwendige Verknüpfung, denn die Wirklichkeit als Erscheinung ist nur unter der Kategorie der Kausalität möglich. Deshalb ist Kants Transzendentalphilosophie nicht nur eine Theorie der Erkenntnis, sondern zugleich in ontologischer Perspektive eine Theorie des Seins. Die Welt ist so, dass sie Erscheinung ist. So etwas wie ein Ding an sich ist kein mögliches Objekt einer Erfahrung.

Jetzt wird auch deutlich, warum der Gegensatz zwischen Rationalismus und Empirismus bei Kant aufgehoben wird. Die Empiristen haben damit Recht, dass alle Erkenntnis auf sinnliche Anschauung angewiesen ist, sie haben Unrecht damit, dass jede Erkenntnis nur wahrscheinlich sein kann. Die Rationalisten haben damit Recht, dass die sichere Erkenntnis in der Vernunft liegen muss, sie haben Unrecht damit, dass die Vernunft für sich allein objektive Erkenntnis erzeugen kann.

Wenn jede mögliche Erkenntnis relativ zu unserem Erkenntnisvermögen ist, dann hat dies auch zur Folge, dass unsere Erkenntnis Grenzen hat. Und genauso ist es bei Kant. Sichere Erkenntnis können wir nur im Feld der Anschauungen gewinnen. Wenn wir über Dinge reden, die niemals ein Objekt der Anschauung werden können, dann laufen unsere Denkstrukturen ins Leere. Kant führt in diesem Zusammenhang die Ideen ein, die als Grenzbegriffe der Vernunft fungieren. Wenn wir zu jeder Ursache wieder nach einer Ursache fragen, dann führt dies zu einem infiniten Regress. Wir haben aber eine Idee des ersten Anfangs, so wie wir eine Idee der Freiheit als Handlung ohne determinierende Ursache haben. Solche Ideen geben eine Richtung vor und zwar als Horizont des Unbedingten. Sie geben uns die Vorstellung einer Welt im Ganzen mit Anfang und Ende, sie können aber niemals Objekte der Erfahrung werden. Unsere Erkenntnis ist somit niemals abschließbar, da wir unsere Grenzen nicht überschreiten können.

Kants Theorie bietet der Philosophie eine neue sichere Grundlage, indem die Philosophie es nicht mehr mit einer objektiven Welt zu tun hat, sondern mit einer subjektiv konstituierten Wirklichkeit. Zwar fehlt es nicht an Versuchen mit sowohl idealistischen als auch materialistischen Weltdeutungen zu einer ungebrochenen Objektivität zurückzukehren, doch kann die Philosophie hinter Kants Neudeutung nicht mehr zurück. Und eine Betrachtung der Wissenschaftstheorie, die das Anliegen der Erkenntnistheorie auf die Wissenschaften konzentriert, wird zeigen, dass die Auseinandersetzung mit Kant auch heute noch aktuell ist.

4.5. Erkenntnistheoretische Grundbegriffe

Glauben - Meinen - Wissen

Zunächst muss Wissen vom Meinen und Glauben unterschieden werden. Diese Abgrenzung wird schon in der Antike diskutiert. Wenn Sie etwas glauben, dann halten Sie es für wahr, ohne eine Überprüfung in Betracht zu ziehen, oder Sie lehnen bei manchen religiösen Glaubenssätzen eine solche Überprüfung vielleicht sogar entschieden ab. Glauben heißt nicht wissen, sagt der Volksmund. Genauso verhält es sich mit dem Meinen. Für Platon ist das Meinen der Inbegriff des unwissenschaftlichen Vorgehens. Jemand der nur etwas meint, redet ohne etwas von den Sachverhalten zu verstehen, und das ist oft genug nur dummes Zeug.

Was unterscheidet nun das Wissen vom Glauben und Meinen? Wann sagen Sie: „Ich glaube schon“ oder „Ich weiß es“? Das Wissen ist immer ein begründetes Wissen. Wenn Sie etwas nur glauben, dann werden Sie bei Nachfragen ins Schleudern kommen, spätestens bei der Frage „Warum?“ oder „Bist du sicher?“ Wenn ich etwas weiß, dann kann ich Gründe anführen, oder zumindest Belege, sei es, dass ich etwas mit eigenen Augen gesehen habe, sei es, dass ich darüber gelesen habe oder es mir von jemandem habe erklären lassen. Wie zuverlässig meine Quellen sind, das steht auf einem anderen Blatt, und ich kann durchaus auch Zweifel bekommen, ob ich mich nicht vielleicht doch irre.

Wissen muss also immer begründbar sein. Glauben oder Meinen hat demgegenüber einen viel schwächeren Status. Über viele Dinge, die Sie glauben, haben Sie wahrscheinlich noch nie nachgedacht. Manchmal stößt man auch erst in einem Gespräch darauf, dass man etwas nicht weiß. Wohin verschwinden eigentlich die Ameisen im Winter? Verkriechen Sie sich unter der Erde? Oder erfrieren sie und nur die Königin überlebt? Natürlich müssen Sie das nicht wissen, genauso wenig, wie Sie vielleicht nicht wissen, wie in Ihrem Auto eigentlich das Benzin vom hinten liegenden Tank in den vorne liegenden Motor gelangt. Läuft es unter Ihrem Sitz durch? Und was genau befindet sich unter dem Laminat in Ihrer Wohnung. Es war schon drin, als Sie eingezogen sind, und Sie haben nie einen Anlass gesehen, darüber nachzudenken. Wenn Sie mal innehalten, und über all die Details Ihres Alltags nachdenken, die Sie nicht wissen, und bei denen Sie noch nie auf die Idee gekommen sind, darüber nachzudenken, dann kann Ihnen vielleicht etwas unheimlich werden.

Bei den Dingen, die Sie wissen, geraten Sie seltener ins Grübeln. Das, was Sie wissen, ist so wie es sich verhält. Es ist objektiv. Aber was heißt „objektiv"?

Objektivität und Subjektivität

Begründetes Wissen ist objektiv. Wenn Sie wissen, dass Paris die Hauptstadt von Frankreich ist, dann schließt das ein, dass es für alle Menschen gilt und dass es an jedem Ort gilt. Denn es ist so, ganz unabhängig davon, wer es behauptet und wo er es behauptet.

Ganz anders verhält es sich, wenn Sie behaupten, Ihr Nachbar sei ein unsympathischer Mensch. Vielleicht antworte ich, dass ich ihn sehr nett finde. Und wenn Sie jetzt Gründe dafür anführen, warum er unsympathisch ist, zum Beispiel weil er immer so sarkastische Witze macht, dann antworte ich Ihnen, dass mir gerade das an ihm gefällt. Hier haben wir es mit subjektiven Aussagen zu tun. Wir haben eine unterschiedliche Ausgangsbasis, ein anderes subjektives Empfinden oder unterschiedliche Erfahrungen. Bei Geschmacksfragen oder Vorlieben ist keine Objektivität möglich. Wenn Sie keinen Knoblauch mögen, dann kann ich Sie nicht davon überzeugen, dass Knoblauch gut schmeckt. Der typische Gegensatz besteht zwischen subjektiver Meinung und objektiver Erkenntnis.

Es kommt auch darauf an, zu erkennen, bei welchen Fragen überhaupt eine objektive Aussage möglich ist. Viele Streitereien und Missverständnisse kommen dadurch zustande, dass dies nicht getrennt wird. Ich werde bestimmt niemals mit Ihnen darüber streiten, ob ein Mensch schön ist, oder ob eine Suppe schmeckt. Bei solchen Fragen sollten wir dem anderen seinen Standpunkt lassen. Bei der Frage, ob nun Paris oder Madrid die Hauptstadt von Frankreich ist, werden Sie wahrscheinlich nicht sagen, dass wir eben unterschiedliche Geschmäcker oder Meinungen haben, sondern Sie werden darauf bestehen, dass es Paris ist. Das eine ist subjektiv, beim anderen behaupten wir objektive Gültigkeit.

Was ist zu einer objektiven Erkenntnis erforderlich? Wie wird die Erkenntnis, die ein Subjekt von einem Objekt gewinnt, objektiv? Das Subjekt darf zunächst durch keine subjektiven Bedingungen beeinträchtigt werden. Jemand der eine blaue Brille trägt wird alle Farben der Wirklichkeit verzerrt sehen, seine Behauptungen können nicht objektiv sein, da sie von den Bedingungen des Subjekts abhängen. Im Beispiel besteht die ganz einfache Lösung darin, dass er die blaue Brille abnimmt. Doch es verhält sich nicht immer so einfach. Subjektive Bedingungen sind nicht immer so leicht zu beseitigen und es gibt subjektive Bedingungen, die auch dann noch wirksam sind, wenn ich mir über sie im Klaren bin.

Aber gibt es überhaupt eine völlig objektive Erkenntnis? Kann ich ein Objekt völlig frei von subjektiven Anteilen erkennen? Man spricht in diesem Fall davon, dass man das Objekt an sich erkennen würde. Sie erkennen, wie sich etwas an sich verhält, völlig unabhängig von subjektiver Beimischung. Nehmen Sie nochmals das Beispiel Farben. Sie wissen, dass es keine Farben an sich gibt. Farben sind etwas, das davon abhängt, dass Augen sie sehen. Bei der Erklärung von Farben kann zwischen objektseitigen und subjektseitigen Elementen der Erkenntnis nicht klar getrennt werden. Aber deshalb sind Farbempfindungen nicht willkürlich. Wenn Sie behaupten, dass ein Ball rot ist, werden Sie nicht einfach hinnehmen, wenn ich sage, für mich sei er blau. Mag es auch sein, dass die Feststellung von Farben von der Beschaffenheit unserer Augen abhängig ist, so gehen wir doch davon aus, dass wir alle die gleichen Farben sehen.

Intersubjektivität

Wenn Sie zunächst grundsätzlich zugeben, dass bei vielen, vielleicht sogar bei allen Erkenntnissen, ein subjektives Element beteiligt ist, und eine reine Objektivität vielleicht gar nicht möglich ist, dann werden Sie dennoch nicht so weit gehen wollen, dass alle Erkenntnis eben subjektiv ist. Rücken wir deshalb vom Ideal der Objektivität etwas ab und ersetzen wir es durch Intersubjektivität. Damit behaupten Sie nicht mehr, etwas verhalte sich an sich so und so, aber Sie verlangen dennoch, dass es sich für alle Menschen so verhalte.

Wie kann ich als Subjekt nachweisen, dass *meine* Erkenntnis, die von mir erworbene und von mir überprüfte Erkenntnis, wirklich frei von subjektiven Anteilen ist? Ich kann mir damit behelfen, dass ich meine Erkenntnis von bestimmten Objekten mit der von anderen Subjekten vergleiche. Weichen diese Erkenntnisse voneinander ab, so können nicht alle objektiv sein. Stimmen sie untereinander überein, so *können* sie objektiv sein, müssen es aber nicht.

Sie wissen sicher, dass manche Tiere ganz andere Sinnesorgane haben, als wir Menschen. Und selbst bei gleichen Sinnen, können diese ganz unterschiedlich ausgeprägt sein. Ein Hund kann noch nach Stunden Dinge riechen, die wir uns nicht vorstellen können, eine Fledermaus kann Geräusche hören, die uns unzugänglich sind. Zugvögel können die Magnetlinien der Erde wahrnehmen und sich damit über Kontinente bewegen. Sie können sich ein Lebewesen vorstellen, dass weder sehen noch hören kann, aber sich mittels eines Geruchs- und Magnetsinns durch die Welt navigiert. Angenommen ein solches Wesen verfügte über Intelligenz und wir würden versuchen, Kontakt miteinander aufzunehmen, wie könnte hier Intersubjektivität zustande kommen? Eigentlich gar nicht, da wir uns kaum verständigen könnten. Dennoch müssen wir voraussetzen, dass wir in derselben objektiven Welt leben.

Die Frage nach der Möglichkeit einer objektiven Erkenntnis untersucht Kant in seiner „Kritik der reinen Vernunft“ mit allen Konsequenzen. Alle Phänomene sind für Kant Erscheinungen, da sie eben von unseren subjektiven Zutaten und Voraussetzungen abhängen. Die Wirklichkeit, die sich daraus ergibt, ist für uns jedoch objektiv, auch wenn diese Objektivität streng genommen nur eine Intersubjektivität ist. Eine Objektivität jenseits aller subjektiven Voraussetzungen ist nach Kant nicht möglich, zumindest nicht für uns. Kant nennt genau eine solche Vorstellung ein Ding an sich, das niemals innerhalb unserer Erkenntniswelt vorkommen kann.

Analytische und synthetische Aussagen

Die Unterscheidung zwischen analytischen und synthetischen Aussagen wurde ebenfalls von Kant in die Philosophie eingeführt. Als analytisch gilt eine Aussage, bei der das Prädikat bereits im Subjekt enthalten ist. Zunächst sind das Tautologien wie „Eine Rose ist eine Rose“ und ein „Tisch ist ein Tisch.“ Das ist banal, musste aber nochmals gesagt werden. Für Kant gehören auch Sätze wie „Ein Kreis ist rund“ oder „Ein Schimmel ist weiß“ zu den analytischen Aussagen. Wäre ein Kreis nicht rund, dann wäre er eben kein Kreis, und wäre der Schimmel schwarz, dann wäre er kein Schimmel, sondern ein Rappe.

Kant stellt es so dar, dass der Begriff des Runden zum Kreis nichts hinzufügt, was nicht schon im Begriff des Kreises enthalten ist. Dass der Kreis rund ist, ist somit nur die Aussage von etwas Selbstverständlichem. Sie benötigen vor allem keine empirische Überprüfung. Sie müssen nicht nachprüfen, ob dieser spezielle Kreis wirklich rund ist, oder nicht, da er zwangsläufig rund ist. Um analytische Aussagen zu treffen, müssen Sie nicht aus dem Zimmer gehen. Kant sagt, dass analytische Aussage a priori gelten. Sie gelten von vornherein und notwendig. Es kann gar nicht anders sein.

Aussagen über die empirische Welt sind synthetische Aussagen. Hierher gehört die überwiegende Mehrheit aller Aussagen des Alltags. „Draußen scheint die Sonne“, „Meine Hose ist schwarz“, „Damit der Kuchen gelingt, darf nicht zu viel Mehl in den Teig“, - all das sind synthetische Aussagen, da hier nicht Begriffe expliziert werden, sondern da diese Sätze empirisch zu überprüfen sind, und da es draußen auch regnen könnte, meine Hose rot sein könnte, und der Satz über den Kuchen vielleicht nur manchmal gilt. Wahrscheinlich sagen Sie sehr selten analytische Sätze und vermutlich fallen weit über 99 Prozent aller analytischen Aussagen in Philosophieseminaren.

Es gibt Philosophen, die den Bereich analytischer Aussagen viel enger fassen und außer tautologischen Sätzen gar nichts als analytisch gelten lassen. Der entschiedenste Vertreter dieser radikalen Haltung ist Willard van Orman Quine (1908–2000). In seinem klassischen Aufsatz „Zwei Dogmen des Empirismus" greift Quine die Vorstellung analytischer Sätze anhand des Beispiels „Alle Junggesellen sind unverheiratet" an. Nach der klassischen Theorie wäre das ein analytischer Satz, da ja die Eigenschaft, unverheiratet zu sein, notwendig mit dem Status eines Junggesellen verbunden ist. Es ist eine notwendige Bedingung. Quine weist zunächst darauf hin, dass hier Voranahmen in Form von Definitionen und Synonymen vorausgesetzt werden, ohne die der fragliche Satz keinen Sinn ergeben würde.

Darüber hinaus unterliegen wir bei unseren Überlegungen dem Irrtum, wir könnten die Wahrheit oder Gültigkeit von Sätzen einzeln überprüfen. Quine behauptet dagegen, dass nicht einzelne Aussagen, sondern nur die Gesamtheit aller Sätze zur Disposition stehen kann. Denn so wie alle Sätze einer Theorie aufeinander aufbauen, so bilden auch alle Sätze unserer Wirklichkeitsbeschreibung ein zusammenhängendes Geflecht von Aussagen, das man sich als kugelförmiges Gebilde veranschaulichen kann. Man nennt eine solche Theorie holistisch. Ganz innen liegen die Regeln der Logik und der Mathematik, ganz außen zufällige Feststellungen über empirische Beobachtungen. Der Witz an Quines Theorie besteht darin, dass er keinen prinzipiellen, sondern nur einen graduellen Unterschied zwischen all diesen Sätzen gelten lässt. Im Normalfall werden wir die empirischen Aussagen korrigieren, wenn unsere Erklärung nicht mit der Wirklichkeit übereinstimmt. Doch können durchaus auch andere Konsequenzen gezogen werden.

Quine erläutert dies an dem logischen Schluss: „Alle Menschen sind sterblich - Sokrates ist ein Mensch - Also ist Sokrates sterblich." Gesetzt den Fall, es würde sich herausstellen, Sokrates sei unsterblich, so hätten wir die Wahl, welche Prämisse wir ändern wollten: Entweder müssten wir den Grundsatz aufgeben, dass alle Menschen sterblich seien, oder wir würden Sokrates die Eigenschaft absprechen, ein Mensch zu sein. Wenn Ihnen das zu fantastisch ist, dann denken

Sie an die Aussage, jeder Mensch sei von Eltern gezeugt, der bis vor wenigen Jahren als unumstößlich galt.

Selbst die Sätze der Mathematik sind prinzipiell revidierbar, wir können uns dies nur kaum vorstellen, da sie sehr tief in unserem Wissenssystem verankert sind. Hier muss allerdings berücksichtigt werden, dass eine Verneinung solcher Aussagen nicht erfolgen kann, ohne das ganze System umzuwälzen. Denn jede Aussage ist mit anderen vernetzt und ihre Verneinung hätte Auswirkungen auf viele andere Annahmen. Den Satz, dass Peter Wurlitz in München geboren wurde, können Sie leicht revidieren, ohne viele andere Sätze in Ihrem Wissenssystem verändern zu müssen. Wenn die Aussage, Goethe sei der Autor des Faust sich als ungültig erweisen sollte, dann hätte dies Auswirkungen auf alle Darstellungen der Literaturgeschichte und die ganze Kultur.

Sie können auch nicht ein naturwissenschaftlich rationales Weltbild vertreten und zusätzlich annehmen, dass manche Menschen sich ab und zu in Fledermäuse verwandeln. Wenn Sie ernsthaft an eine solche Verwandlung glauben sollten, dann müssten Sie eine ganze Reihe von wissenschaftlichen Annahmen außer Kraft setzen.

A priori – a posteriori

Das Begriffspaar a priori und a posteriori hängt eng mit der Unterscheidung zwischen analytischen und synthetischen Aussagen zusammen. Ob ein Satz a priori oder a posteriori gilt, bezieht sich auf die Art und Weise seiner Rechtfertigung. Aussagen a posteriori werden durch die Erfahrung gerechtfertigt. Sie müssen nachsehen, ob der Satz wahr oder falsch ist.

Bei Sätzen a priori ist dies nicht nötig, da sie ohne jeden Bezug auf Erfahrung gelten. Sie sind evident und haben damit eine höhere Gewissheit als jeder Erfahrungssatz. Sie haben sogar Beweischarakter. Klassische Beispiele für Sätze a priori sind die Gesetze der Mathematik. Die Winkelsumme in Dreiecken beträgt immer 180 Grad. Sie müssen es nicht nachmessen und Sie können diesen Satz durch kein Messergebnis wiederlegen. Sollten Sie dennoch ein anderes Ergebnis erhalten, dann bedeutet dies nur, dass Sie falsch gemessen haben oder vielleicht ihr Messgerät defekt ist.

Der Zusammenhang zwischen beiden Begriffspaaren sieht so aus, dass analytische Sätze a priori gelten, synthetische dagegen a posteriori. Ein analytischer Satz a posteriori ist unsinnig, denn eine empirische Überprüfung ist eben kein sinnvolles Verfahren und könnte an der Geltung des Satzes nichts ändern. Umstritten ist die Existenz synthetischer Sätze a priori. Es gibt Philosophen, allen voran Kant, die dieser Art von Sätzen eine Schlüsselstellung bei der Welterklärung zuerkennen, da zum Beispiel Naturgesetze synthetische Sätze a priori wären. Andere Philosophen, wie zum Beispiel Quine, bestreiten die Möglichkeit solcher Aussagen.

4.6. Wahrheitstheorien

In diesem Kapitel war viel von der Richtigkeit, der Gewissheit und der Objektivität von Erkenntnissen die Rede. Ein Begriff fehlt hier noch, und zwar ein Begriff, der schon häufig erwähnt, aber noch nicht eigens untersucht wurde. Es ist natürlich die Wahrheit. Sie sind ihr schon in der Logik in Gestalt von wahren Schlüssen begegnet, und auch objektive und evidente Erkenntnisse sind wahr. Die Wahrheit ist ein Grundbegriff der Philosophie, denn jede Philosophie strebt nach ihr. Aber was heißt überhaupt Wahrheit? Wann ist etwas wahr?

Korrespondenztheorie der Wahrheit

Eine der ältesten Auffassungen von Wahrheit ist die Korrespondenztheorie, die auf Aristoteles zurückgeht. Nach dieser Auffassung ist Wahrheit eine Eigenschaft von Aussagen. Wahr oder falsch kann also nur eine Aussage sein. Ein Tisch kann ebenso wenig wahr sein wie die Farbe Weiß. Die Aussage, dass ein bestimmter Tisch weiß ist, kann jedoch sehr wohl wahr oder falsch sein. Und wann ist die Aussage wahr? Genau dann, wenn dieser Tisch tatsächlich weiß ist. Die Wahrheit einer Aussage besteht also darin, dass sie mit der Wirklichkeit übereinstimmt. Es handelt sich um eine Übereinstimmung des Satzes mit dem betreffenden Sachverhalt. Es geht um die Übereinstimmung von Denken und Sein.

Die Wahrheit der Aussage ist dabei unabhängig davon, ob Sie von ihr wissen oder nicht. Denn die Übereinstimmung besteht auch unabhängig davon, ob sie gewusst wird. Lincoln ist die Hauptstadt von Nebraska, egal ob Sie oder ob wir beide davon wissen, oder uns jemals damit befassen würden. Anders verhält es sich bei der Frage, ob eine Aussage auch unabhängig davon wahr sein kann, ob überhaupt jemand davon weiß. War der Mount Everest schon der höchste Berg der Welt, bevor jemand überhaupt die Höhe von Bergen gemessen hat?

Hier stoßen wir auf den Unterschied zwischen der Tatsache, dass etwas wahr ist, und dass etwas für wahr gehalten wird. Der Satz „Die häufigste Ursache für Magengeschwüre ist das Bakterium Helicobacter pylori", ist erst seit wenigen Jahren als die richtige Diagnose bekannt. Galt der Satz auch schon vor fünfzig Jahren? Die Übereinstimmung des Satzes mit dem Sachverhalt war damals schlichtweg unbekannt und wäre vermutlich als absurd abgetan worden, auch wenn wir aus heutiger Sicht natürlich sagen müssen, er beschreibt den Sachverhalt richtig.

Wirkt die Korrespondenztheorie der Wahrheit auf den ersten Blick zwar einleuchtend, so wirft sie bei näherer Betrachtung einige Probleme auf. Was genau ist hier überhaupt Denken, was genau ist die Sache. Und was genau heißt „Übereinstimmung?" Wie kann ein Satz mit einem Sachverhalt übereinstimmen? Und womit stimmt zum Beispiel der Satz „Einhörner gibt es nicht" überein? Was ist hier der Sachverhalt?

Auf diese Schwierigkeiten reagierte der Philosoph Alfred Tarski (1901–1983) mit seiner semantischen Wahrheitstheorie. Er unterscheidet zwischen zwei Sprachebenen, einer Objektsprache und einer Metasprache. In der Objektsprache werden Phänomene und Tatsachen in Aussagen beschrieben, zum Beispiel kann man hier sagen „Schnee ist weiß". In der Metasprache werden nicht mehr Objekte thematisiert, sondern die Sätze der Objektsprache, und auf dieser Ebene wird die Wahrheit von Sätzen ausgedrückt. Ein Satz ist dann wahr, wenn es sich so verhält, wie der Satz behauptet. Hier sagen Sie zum Beispiel: „Der Satz ‚Schnee ist weiß', ist dann wahr, wenn Schnee weiß ist." Dieser Ansatz wurde in der sprachanalytischen Philosophie ausführlich diskutiert. Wirklich befriedigen kann er aber auch nicht, da die Problematik weniger gelöst als um eine Stufe verschoben wird.

Eine radikale Lösung besteht darin, den Begriff „wahr" für überflüssig zu erklären, wie es die Redundanztheorie der Wahrheit tut. Solche Gedanken wurden im Logischen Empirismus, zum Beispiel bei Frege und Russell diskutiert. Dahinter steht zunächst die Einsicht, dass die Ergänzung, etwas sei wahr, zur eigentlichen Aussage im Grunde nichts hinzufügt. Wenn Sie sagen: „Es ist wahr, dass Paris die Hauptstadt von Frankreich ist", dann können Sie das Gleiche auch mit dem einfacheren Satz „Paris ist die Hauptstadt von Frankreich" sagen. Die Wahrheitsbehauptung hätte demnach nur die Funktion einer besonderen Betonung. Aber auch wenn Sie nicht ausdrücklich dazu sagen, dass ein Satz wahr ist, unterstellen Sie doch, dass er wahr ist. Und wir sind wieder genau da, wo wir angefangen haben.

Kohärenztheorie der Wahrheit

Ein anderer Ansatz zur Klärung des Wahrheitsbegriffs ist die Kohärenztheorie der Wahrheit. Hier vermeidet man es, völlig unvergleichbare Entitäten, wie eben Sätze und Sachverhalte, in Beziehung zueinander zu setzen. Auch bei dieser Theorie ist Wahrheit eine Eigenschaft von Aussagen. Aber Aussagen werden hier mit etwas Gleichartigem, das heißt mit anderen Aussagen in Beziehung gesetzt. Die Wahrheit einer Aussage kann nur in der Kohärenz, das heißt im Zusammenhang, mit anderen Aussagen bestehen. Die Wahrheit wird damit einerseits unabhängig von konkreten Sachverhalten, sie wird aber andererseits abhängig vom jeweiligen Kontext, in dem die Aussage getroffen wird. Dies hat auch zur Folge, dass die Wahrheit nicht für immer, sondern nur in einem System von Sätzen gültig ist.

Behauptet beispielsweise jemand, letzte Woche in der französischen Hauptstadt Madrid gewesen zu sein, oder dass Delfine die gelehrigsten Fische sind, so widerspricht dies dem ganzen System des Wissens, das in niedergeschriebenen Aussagen seinen Niederschlag findet Die französische Hauptstadt ist Paris, diese Aussage ist mit so vielen anderen Aussagen verknüpft und wird von ihnen gestützt, dass die Redeweise von Madrid als französischer Hauptstadt falsch sein muss. Andernfalls müssten ganze Lexika, Geschichtsbücher, Reiseführer und viele Romane umgeschrieben werden. Der Bezug wird hier nicht auf empirische Tatsachen, sondern nur auf Aussagen und Sätze genommen. Genauso verhält es sich mit den Delfinen. Es ist in unserem gegenwärtigen Wissen eindeutig festgestellt, dass Delfine Säugetiere sind.

Nach dieser Theorie, die zum Beispiel von Otto Neurath (1882–1945) oder Willard van Orman Quine vertreten wird, stützen die Sätze einer Sprachgemeinschaft sich gegenseitig. Die Gesamtheit aller Sätze ist das Wissen dieser Gemeinschaft. Jeder einzelne Satz ist mit allen anderen verbunden, manche sind sehr leicht revidierbar, wie etwa Aussagen darüber, dass er gerade regnet, andere haben einen sehr starken Status, da sie als Grundlage für ganze Theorien oder Weltbilder dienen. Hierher gehören zum Beispiel Sätze der Mathematik oder Naturgesetze.

Die Kohärenztheorie funktioniert sehr gut, wenn es um die Überprüfung von Aussagen im Bereich der Wissenschaften geht, das macht sie für viele Philosophen so attraktiv. Sie hilft aber nur bedingt weiter, bei der Frage nach der Wahrheit ganz konkreter Sätze im Alltagsleben. Womit soll der Satz „Sicher habe ich mir die Hände gewaschen, bevor ich das Essen zubereitet habe“ abgeglichen werden. Hier müsste doch wieder auf die empirische Überprüfung von Sachverhalten, oder auf Indizien zurückgegriffen werden.

Konsenstheorie der Wahrheit

Die Konsenstheorie der Wahrheit geht auf den Philosophen Jürgen Habermas (geb. 1929) zurück. Eine Aussage ist dann wahr, wenn sie von allen Mitgliedern der Gemeinschaft akzeptiert wird, das heißt, wenn alle von ihrer Wahrheit überzeugt sind. Das ist idealerweise durch eine gründliche Diskussion zu erreichen. Sie dürfen in einem solchen Diskurs die anderen Teilnehmer nicht bedrohen oder überlisten, sondern sie nur überzeugen und sich um Zustimmung bemühen.

Natürlich kann eine solche Diskussion niemals in der Wirklichkeit stattfinden. Das behauptet aber auch niemand. Die Konsenstheorie ist als Modell gedacht, wie eine Übereinkunft zu denken wäre. Doch selbst als Gedankenexperiment ist die Theorie nicht praktikabel, denn zum einen ist es sehr wohl vorstellbar, dass auch ein idealer Diskurs zu keinem Ergebnis kommen könnte, zum anderen ist auch das Gegenteil möglich, dass nämlich eine ganze Gemeinschaft von der Wahrheit einer Theorie überzeugt ist, die sich später als falsch erweist. Auch hier wird die Frage nach der Wahrheit eigentlich nur verlagert, denn auch wenn wir uns auf die Wahrheit einer These geeinigt hätten, könnte doch jemand nach einer Begründung verlangen, und damit würde die Frage sich wieder neu stellen.

Pragmatische Wahrheitstheorie

Eine frappierend einfache Theorie ist die pragmatische Wahrheitstheorie, wie sie ursprünglich von William James (1842–1910) entworfen wurde. Eine Theorie erweist sich in diesem Modell als wahr, wenn sie nützlich und erfolgreich ist. Wahr ist das, was nützt, und was sich gegen andere Vorstellungen durchsetzt.

Es geht bei diesem Ansatz gar nicht mehr um letzte Wahrheiten, sondern Wahrheit wird als etwas Vorläufiges betrachtet, das sich momentan bewährt. Eine Vorstellung ist dann wahr, wenn sie sich als nützlich erweist, sie kann irgendwann auch falsch oder zumindest unzureichend werden und wird dann durch eine andere These ersetzt. Das klingt sehr stark nach Relativismus. Einzig das Kriterium der

Nützlichkeit bleibt als Orientierung übrig, und darunter versteht James, dass sie Erfolg bringt und das Leben angenehmer macht. Problematisch wird dies, wenn wir unterschiedliche Sichtweisen haben, was ein angenehmes Leben ausmacht.

Relativismus und Perspektivismus

Das Schreckgespenst für die Wahrheit ist der Relativismus, der meist mit einem radikalen Skeptizismus einhergeht. Wenn es gar keine objektive Wahrheit gibt, dann wird alles beliebig. Einen absoluten Relativismus wird vermutlich niemand ernsthaft vertreten, da auch der größte Skeptiker seinen Alltag bewältigen muss, und Aussagen darüber, ob es im Augenblick regnet oder ob noch Milch im Kühlschrank ist, sich doch ganz augenscheinlich als wahr oder falsch erweisen lassen. Es geht natürlich um eher theoretische und abstrakte Aussagen, aber auch um geschichtliche oder weltanschauliche Deutungen.

Unter Relativismus versteht man gemeinhin Positionen, die die Beliebigkeit von Behauptungen vertreten und bei denen man immer danach fragen kann, wem eine angebliche Wahrheit nützt. Der Perspektivismus setzt Wahrheit in Abhängigkeit zu historischen oder kulturellen Bedingungen. Der Anspruch auf Wahrheit wird hier nicht völlig aufgegeben, sondern er wird nur auf bestimmte Voraussetzungen eingeschränkt. Als wichtigster Vertreter eines solchen Perspektivismus kann Friedrich Nietzsche gelten, der Wahrheit als eine Erfindung oder auch als gefrorene Metapher bezeichnet. Aufschlussreich ist dazu ein kleiner aber berühmter Aufsatz aus dem Nachlass Nietzsches: „Über Wahrheit und Lüge im außermoralischen Sinn“. Bei dieser Art von Perspektivismus wird die Grenze zur pragmatischen Theorie fließend.

Eine sehr tiefgreifende Theorie entwirft Martin Heidegger mit seiner Vorstellung einer Wahrheitsgeschichte, beispielhaft in seiner Schrift „Vom Wesen der Wahrheit.“ Dort wird Wahrheit im Anschluss an das griechische *aletheia* als Unverborgenheit gedeutet. Das Sein kommt in verschiedenen Epochen unterschiedlich zur

Erscheinung und der Mensch erfasst immer eine bestimmte Hinsicht, die sich ihm entbirgt. Jede solche Wahrheit als Unverborgenheit geht damit einher, dass ein anderer Aspekt sich gleichzeitig verbirgt.

4.7. Wissenschaftstheorie

Die Wissenschaftstheorie entstand aus der Erkenntnistheorie. Hier geht es über die Fragen der richtigen Erkenntnis hinaus, um die Methoden der Wissenschaft. Es geht darum, wie die Wissenschaften vorgehen müssen, damit sie zu gesicherter Erkenntnis und zu wissenschaftlichem Fortschritt kommen. Mit Wissenschaften sind hierbei in erster Linie die Naturwissenschaften gemeint. Dementsprechend hat die Wissenschaftstheorie eine enge Verbindung zur Logik und zur naturwissenschaftlichen Grundlagenforschung. Die Themen der Wissenschaftstheorie reichen zwar auch in die Geschichte der Philosophie zurück, ihre Entwicklung spielt sich aber überwiegend im 20. Jahrhundert ab.

Deduktion und Induktion

In der Wissenschaft gibt es grundsätzlich zwei Möglichkeiten zu Erkenntnissen zu gelangen: Die Deduktion und die Induktion. Bei einem deduktiven Verfahren gehen Sie von allgemeinen Regeln aus und leiten Ihre Erkenntnisse daraus ab. Deduktionen bedienen sich also der logischen Schlussregeln. Ihre wichtigsten Anwendungsgebiete sind die Mathematik und die theoretische Physik. Deduktionen haben den Charakter von Beweisen, das heißt, ein wissenschaftlicher Satz, der deduziert wurde, kann als wirklich gesichert gelten. Er ist bewiesen, und kann nun selbst wiederum zur Ausgangsbasis für weitere Schlüsse dienen.

Beim induktiven Verfahren gehen Sie genau anders herum vor. Hier ist nicht eine allgemeine Regel gegeben, sondern einzelne Fälle. Die Regel soll als Ergebnis am Ende stehen. Sie machen also bestimmte empirische Beobachtungen und ziehen daraus Ihre Schlüsse. Sie beobachten, dass unter den gleichen Umständen immer ein bestimmtes Ereignis eintritt. Wenn Sie zum Beispiel Wasser bis zu einer bestimmten Temperatur erhitzen, dann beginnt es zu verdampfen. Die Regel oder das Gesetz, das Sie auf diese Weise entdecken, wird meistens als Wenn-dann-Regel ausgedrückt: Immer wenn X dann Y; oder auch in der Form: Alle X sind Y. Solche Regeln müssen allgemein formuliert werden, sonst wären es ja kein Gesetze. In unserem Beispiel würde das Gesetz lauten: „Immer wenn Wasser auf 100 Grad Celsius erhitzt wird, beginnt es zu verdampfen". Ein anderes Gesetz könnte heißen: „Alle Schwäne sind weiß". Es kann sich im Laufe der Forschung ergeben, dass Gesetze modifiziert werden müssen. Wenn Sie Ihren Topf Wasser beispielsweise nicht mehr zu Hause in Ihrer Küche erhitzen, sondern ihn mit auf den Gipfel eines hohen Berges nehmen, dann werden Sie feststellen, dass das Wasser jetzt bereits bei 99 oder 98 Grad Celsius zu verdampfen beginnt. Also müssen Sie in Ihrem Gesetz die 100 Grad des Siedepunkts durch die beiden Variablen Temperatur und Luftdruck ersetzen.

Die Zahl der Beobachtungsfälle ist jedoch zwangsläufig begrenzt. Beim induktiven Verfahren ziehen Sie aus einer endlichen Anzahl von Einzelfällen einen Schluss, der für alle Fälle gilt, die überhaupt möglich sind. Das Verfahren mag sehr hilfreiche und nützliche Erkenntnisse erbringen, es kann aber niemals eine absolute Sicherheit liefern. Im Gegensatz zu den errechneten und bewiesenen Gesetzen der Deduktion, können Sie mit Hilfe von Induktionen nur zu einer bestimmten Wahrscheinlichkeit gelangen. Die Gesetze, die auf dem Wege der Induktion gefunden werden, können als höchstes Ergebnis eine an Sicherheit grenzende Wahrscheinlichkeit erreichen. Die deduzierten Gesetze dagegen gelten notwendig. Zu ihrer Überprüfung müssen Sie gar keine Fälle mehr überprüfen. Sie haben ja errechnet, dass es immer so sein muss.

Die Deduktion liefert uns als einzige sichere Ergebnisse. Nur leider ist ihr Anwendungsgebiet beschränkt. Die Wirklichkeit lässt sich nicht restlos berechnen. Das hat zur Folge, dass unsere Erkenntnis und eben auch unsere Wissenschaft in vielen Bereichen keine letzte Sicherheit bieten kann.

Verifikation – Falsifikation

In diesen Zusammenhang gehört ein zweites Begriffspaar, das mit dem Gegensatz von Deduktion und Induktion eng zusammenhängt. Es geht um die Verfahren der Verifikation und der Falsifikation.

Die Verifikation ist eng mit dem Beweis verwandt, im Grunde ist ein Beweis das beste Beispiel für eine Verifikation. Im Begriff der Verifikation steckt die Wahrheit, und Wahrheit gilt von Sätzen. Wenn jemand einen Satz als wahr behauptet, dann können Sie von ihm eine Rechtfertigung verlangen, einen Nachweis, dass dieser Satz wirklich wahr ist. Ein solcher Nachweis heißt Verifikation.

Betrachten Sie ein ganz einfaches Beispiel: Jemand behauptet, dass ein Tisch zwei Meter lang ist. Wie kann dieser Satz verifiziert werden? Ganz einfach dadurch, dass Sie einem Meterstab holen und nachmessen. Es zeigt sich dass der Tisch tatsächlich zwei Meter lang ist, womit die Satz verifiziert wurde und damit wahr ist.

Eine Verifikation wird in aller Regel so erfolgen, dass Sie etwas nachprüfen oder zumindest die Möglichkeit haben, eine Behauptung nachzuprüfen. Sie können nachschauen, Sie können in etwas hineinschauen, Sie können etwas messen oder wiegen. Wenn ich Ihnen sage, alle Katzen haben Schnurrhaare, dann können Sie diese Behauptung bei allen möglichen Katzen nachprüfen und Sie werden die Aussage bestätigt finden. Wenn ich behaupte, alle Katzen haben kleine Hörner, dann können Sie sich auf die gleiche Weise davon überzeugen, dass dies Unsinn ist. Die Aussagen sind also verifizierbar, Sie können ihren Wahrheitsgehalt überprüfen.

Nehmen Sie jetzt die Behauptung, alle Engel hätten grüne Augen. Sie sind wahrscheinlich skeptisch. Aber wie können Sie die Behauptung überprüfen? Indem Sie nachschauen? Dazu müssten Sie erst einmal einen Engel finden. Eine solche Aussage ist also nicht verifizierbar, genauso wenig wie Behauptungen über die Länge eines Einhorns oder den Klang der Stimme Gottes. Sätze, die nicht verifizierbar sind, haben in der Wissenschaft nichts verloren, wohingegen sie in Märchen oder sogar in erbaulichen Beispielen eine sinnvolle Funktion haben können.

Bei den oben genannten Beispielen gab es die Aussage über die Länge eines Tisches. Die ist sehr leicht verifizierbar und damit als wahr oder falsch festzustellen. Aber dabei handelt sich um einen einzelnen Gegenstand. Die Wissenschaft will aber keine einzelnen Gegenstände beschreiben, sondern sie will allgemeine Gesetze aufstellen. Da wir in der Wirklichkeit in der Regel auf Induktionen angewiesen sind, bekommen wir mit der Verifikation von Gesetzen ein Problem.

Ich hatte als Beispiel behauptet, alle Katzen hätten Schnurrhaare, und wahrscheinlich haben auch alle Katzen, die Sie überprüfen, Schnurrhaare. Mit ziemlicher Sicherheit haben Sie noch nie eine Katze ohne Schnurrhaare gesehen und werden auch keine sehen. Dennoch können wir über diese relative Sicherheit nicht hinausgelangen. Denn theoretisch wäre es möglich, dass Ihnen eines schönen Tages eine Katze ohne Schnurrhaare über den Weg läuft. Und so verhält es sich mit allen empirischen Erfahrungssätzen. Alle Aussagen über die Welt und die Natur, die auf empirischer Erfahrung beruhen, sind nicht wirklich verifizierbar, da sie sich auf unendlich viele Fälle beziehen müssen, aber immer nur eine endliche Anzahl an Überprüfungsmöglichkeiten besteht.

Auf dieses Problem reagierte der Philosoph Karl Popper (1902-1994) indem er in seinem grundlegenden Buch „Die Logik der Forschung“ den Begriff der Verifikation durch den der Falsifikation ersetzte. Sie können zwar viele Sätze über die Natur nicht verifizieren und damit beweisen, Sie können aber einige Sätze widerlegen, indem Sie sie falsifizieren. Und das ist doch auch eine ganze Menge, denn auch das Ausscheiden falscher Behauptungen bringt unsere Erkenntnis voran. Sie können sich das am Beispiel der weißen Schwäne veranschaulichen. Jemand behauptet, alle Schwäne seien weiß, und es mag sein, dass Sie noch nie einen Schwan mit einer anderen Farbe gesehen haben und auch niemanden kennen, der einen andersfarbigen Schwan gesehen hat. Dennoch können Sie diese Behauptung nicht beweisen. Sobald Sie aber einen einzigen schwarzen Schwan entdecken, haben Sie die Behauptung falsifiziert. Eine Verifikation würde erfordern, alle Schwäne zu überprüfen, was schon deshalb unmöglich ist, da dies auch die Überprüfung aller noch nicht existierenden Schwäne einschließen müsste. Für eine Falsifikation reicht jedoch ein einziges Exemplar aus.

Für die Wissenschaften hat das zur Folge, dass alle ihre Behauptungen den Charakter von Hypothesen erhalten, die nur so lange gelten, bis sie falsifiziert werden. Eine Hypothese, die zwar falsifizierbar ist, bisher aber nicht falsifiziert wurde, kann bis auf weiteres als eine bewährte Hypothese gelten. Und alle bewährten Hypothesen zusammen bilden den Inhalt der Wissenschaften. Behauptungen über Engel, Einhörner oder Gott sind nicht falsifizierbar und haben deshalb in der Wissenschaft nichts verloren. Unser ganzes Wissen ist nach Popper hypothetisch, es besteht aus Hypothesen, die mehr oder weniger bestätigt sind.

Theoriebildung

Aus empirischen Beobachtungen entstehen Hypothesen. Wenn diese sich bewähren und nicht wiederlegt werden, wird man sie nach einiger Zeit als Gesetze behandeln. Man geht dann davon aus, dass die Hypothesen richtig sind. Ein ganzes System von Gesetzen nennt man eine Theorie. In einer optimistischen Sichtweise, wie sie Popper selbst vertritt, führt der Gang der Wissenschaften zu einem stetigen Fortschritt. Der Umfang des Wissens nimmt ständig zu. Die Entwicklung wird als ein offener aber linearer Fortschritt gesehen.

Dem widerspricht der amerikanische Wissenschaftstheoretiker Thomas Kuhn (1922-1996) mit seiner Theorie vom Paradigmenwechsel in den Wissenschaften, die er in seinem Buch „Die Struktur wissenschaftlicher Revolutionen“ vorstellt. Statt einer kontinuierlichen Weiterentwicklung verläuft der Fortschritt der Wissenschaften in Brüchen. Die meiste Zeit läuft die Forschung zwar in geradlinigen Bahnen, doch immer wieder kommt es zu wissenschaftlichen Revolutionen, bei denen nicht nur einzelne Ergebnisse und Hypothesen, sondern bei denen der gesamte Bau des Wissens über den Haufen geworfen wird.

Dies liegt daran, dass die wissenschaftliche Forschung immer im Rahmen feststehender Voraussetzungen abläuft, die selbst nicht mehr in Frage gestellt werden. Diese Voraussetzungen nennt Kuhn Paradigmen. Häufen sich irgendwann die Widersprüche und treten immer mehr Phänomene auf, die sich im Rahmen der bestehenden Theorie nicht erklären lassen, oder die nur durch Zusatzannahmen in Einklang zu bringen sind, dann gerät irgendwann das Paradigma selbst ins Wanken, und das menschliche Wissen erfährt eine Art „Reset", um auf neuen Voraussetzungen neu aufzubauen. Bei einem Paradigmenwechsel kann es auch geschehen, dass ein großer Teil der bisher für gültig gehaltenen Grundsätze und viele vorgebliche Tatsachen über Bord geworfen werden, da das neue Wissen mit dem alten nicht vereinbar ist. Es gibt in der Geschichte der Wissenschaften also keine stetige Kumulation des Wissens, so etwas gibt es nur innerhalb eines Paradigmas. Mit einem Paradigmenwechsel wird ein Großteil des angesammelten Wissens bedeutungslos.

Als Beispiele für Paradigmenwechsel nennt Kuhn die Ablösung der ptolemäischen durch die kopernikanische Theorie über die Bewegung der Himmelskörper oder die Ablösung der Newtonschen Physik durch Einsteins Relativitätstheorie.

Theorien werden nicht immer abgelöst, weil sie widerlegt wurden. Oft genug werden die Probleme einer Theorie gar nicht gelöst, sie werden von einem nachfolgenden Paradigma einfach nicht mehr als Probleme wahrgenommen, sondern verlieren ihre Bedeutung. Als Beispiel können Sie hier die scholastische Frage nehmen, wie viele Engel auf einer Nadelspitze Platz haben. Unter der Voraussetzung, dass Engel immaterielle Wesen ohne räumliche Ausdehnung sind, bietet die Frage sich an. Sie wurde nie beantwortet, da sie irgendwann einfach als Frage nicht mehr ernst genommen wurde.

Noch einen Schritt weiter als Thomas Kun geht der Wissenschaftstheoretiker Paul Feyerabend (1924-1994), der es für prinzipiell unmöglich erklärt, wahre von falschen Theorien zu trennen. Objektive Methoden der Wahrheitsfindung gibt es nicht, da sie immer nur Festlegungen innerhalb eines bestimmten Weltbildes sind, und letztlich dogmatischen Charakter haben. Im Grunde folgt daraus ein umfassender Relativismus und das Ende jeder Wissenschaftstheorie, da jede Methode zu Ergebnissen führt, Schamanismus ebenso wie Astrologie oder Naturwissenschaften. Anything goes, so lautet Feyerabends Fazit, eine ebenso radikale wie unbefriedigende Lösung, der nicht viele Philosophen folgen wollten.

Letztbegründung und Münchhausen-Trilemma

Die Suche nach einer Letztbegründung, das heißt nach einer Begründung des Wissens, die keine weitere Begründung mehr benötigt, hat sich zwar als sinnlos erwiesen, dennoch steht sie als Ideal im Raum und immer wieder versuchen Philosophen eine Lösung zu finden.

Der Wissenschaftstheoretiker und Popper-Schüler Hans Albert (geb. 1921) prägte den anschaulichen Begriff vom Münchhausen-Trilemma, um darzustellen, dass eine Letztbegründung grundsätzlich nicht möglich sein kann. Bei jedem derartigen Versuch steht man irgendwann vor der Auswahl von drei inakzeptablen Optionen, nämlich einem infiniten Regress, einem Zirkelschluss oder einem willkürlichen Abbruch der Begründung. Benannt ist dieses Trilemma nach dem Baron von Münchhausen, denn wie bei diesem Urbild aller Lügner gleicht auch der philosophische Versuch einer Letztbegründung dem Bemühen, sich an den eigenen Haaren aus dem Sumpf zu ziehen.

Der infinite Regress wurde bereits von Kant vorgestellt. Bei jeder möglichen Aussage stellt sich wiederum die Frage nach der Begründung, und so immer weiter bis ins Unendliche. Diesen infiniten Regress kann man nur mit einem Zirkelschluss vermeiden, der aber natürlich keine Lösung ist, da hierbei eine Begründung nur vorgegaukelt wird. Warum sind die Sätze der Bibel wahr? Weil sie von Gott kommen. Woher weiß ich, dass sie von Gott kommen? Weil das in der Bibel steht.

Die dritte Lösung besteht darin, die Begründungskette an einer bestimmten Stelle einfach abzubrechen und dies als Letztbegründung zu behaupten. Das ist aber natürlich kein wirkliches Argument, sondern nur eine dogmatische Feststellung. Damit wechseln Sie letztendlich auf die Ebene des Glaubens. Denn glauben können Sie immer.

5. Sprachphilosophie

5.1. Was ist Sprache?

Philosophie entsteht aus dem Staunen über das Selbstverständliche, so habe ich Ihnen am Anfang gesagt. Was ist selbstverständlicher als das Sprechen? Wir können Laute erzeugen, die sich zu Wörtern verbinden, und ein Hörer versteht, was wir sagen. Wir können diese Wörter bestehend aus Buchstaben auch aufschreiben und das, was wir sagen wollen, auf diese Weise festhalten und konservieren, damit es sogar in künftigen Zeiten gelesen und verstanden werden kann. Die Zahl der Wörter ist begrenzt, dennoch können wir unendlich viele Sätze aus ihnen kombinieren, um unsere Gedanken und Empfindungen mitzuteilen.

Aber ist die Sprache nicht einfach nur ein Medium, mit dem wir Informationen austauschen und die Dinge der Welt benennen? Bei einer oberflächlichen Betrachtung mag das zunächst so erscheinen, doch wenn Sie etwas genauer nachdenken, dann werden Sie schnell erkennen, dass Sprache viel mehr ist als Datenaustausch.

Was heißt es denn, wenn jemand versteht, was wir sagen? Erzeugen die Worte in seinem Kopf ähnliche Zustände, wie in unserem? Es sind ja nur Zeichen, mit denen unsere Gedanken übertragen werden. Und viele Inhalte, die wir denken, bestehen nur in Form sprachlicher Laute und Zeichen. Sie können einen Tisch oder eine Banane anfassen, und die Banane können Sie sogar aufessen, doch einen Schluss oder eine Idee können Sie ebenso wenig anfassen oder sehen, wie die Wahrheit oder die Gerechtigkeit. Solche philosophischen Inhalte existieren nur in Form sprachlicher Gebilde. Die ganze Philosophie existiert nur in der Sprache. Und gibt es denn Tische oder Bananen ohne Sprache überhaupt? Sie können den Tisch nicht denken ohne den Begriff „Tisch". Sie könnten sich zwar daran stoßen und etwas darauflegen, aber es wäre kein „Tisch", sondern ein x. Und was immer Sie in diese Leerstelle als Bezeichnung einfügen, wäre wieder eine sprachliche Bezeichnung.

So selbstverständlich und unentbehrlich die Sprache für unser Dasein ist, und auch dafür, dass überhaupt eine Welt existiert, so erstaunlich ist sie doch andererseits, wenn man einen Schritt zurücktritt. Zwar haben auch Philosophen der Antike sie schon thematisiert, aber es dauerte lange, bis die Sprache als der eigentliche Ort des Philosophierens wirklich ins Zentrum rückte. So wie die Erkenntnistheorie zu Beginn der Neuzeit die Metaphysik als Leitdisziplin ablöste, so setzte sich im 20. Jahrhundert die Sprachphilosophie an die fundamentale Stelle.

Die Sprachphilosophie ist damit eine ziemlich junge Erscheinungsform, doch sie tritt sofort mit dem Anspruch auf, die grundlegende Disziplin zu sein. Und damit nicht genug, wird die Philosophie als Ganzes sehr schnell von der Sprachphilosophie vereinnahmt und damit verwandelt. Im angelsächsischen Bereich fasst man das unter dem Schlagwort vom *linguistic turn* zusammen. Die Philosophie vollzieht eine sprachliche Wende und befasst sich jetzt mit ihrer wichtigsten Voraussetzung, eben der Sprache.

Viele Philosophen stellen die Sprache im engeren Sinn in den Zusammenhang einer allgemeinen Zeichentheorie, der Semiotik. Sprachliche Zeichen sind damit in erster Linie Gebilde, die etwas repräsentieren, und damit für etwas anderes stehen. Die Grenze zwischen Worten und anderen Zeichen wird damit fließend. Gerade in der heutigen Welt dringen in immer stärkerem Maße Zeichen, Icons und Symbole in die sprachliche Kommunikation ein und werden zum selbstverständlichen Teil dieser Prozesse. Denken Sie an die allgegenwärtigen Smileys, mit denen viele Zeitgenossen ihre schriftlichen Mitteilungen in E-Mails oder einer SMS verschönern. Eine Aussage wie „Ich fühle mich heute ☺" wird von allen verstanden.

Die Sprachphilosophie beginnt mit einer Untersuchung der Sprache, wobei als Besonderheit hinzukommt, dass jede Äußerung über die Sprache wiederum nur in der Sprache erfolgen kann. Die Sprachphilosophie ist damit selbstreferenziell.

Außer vielen Wörtern, die etwas bedeuten, wobei gerade dieses „bedeuten" ein wesentliches Thema der Sprachphilosophie ist, enthält die Sprache mit der Grammatik eine Reihe von Regeln zur Verwendung der Wörter. Es gibt aber nicht nur eine Sprache, sondern mehrere tausend, mit teilweise ganz unterschiedlichen Regeln. Und jede dieser Sprachen ist einem ständigen Veränderungsprozess unterworfen, mit dem sie sich an neue Gegebenheiten anpasst. Tauchen neue Gegenstände in der Welt auf, so können sie auch schon benannt werden. Die Existenz von Smartphones oder Blue-Rays ist etwas völlig Selbstverständliches für uns, ebenso Tätigkeiten wie skypen oder googlen. Es gibt diese Entitäten. Und jetzt denken Sie hundert Jahre zurück. Mit der gleichen Selbstverständlichkeit tauchten Schallplatten oder Flugzeuge in der Lebenswelt auf, oder eine Handlung namens Fallschirmspringen. Dafür verschwinden auf der anderen Seite auch Dinge aus der Welt. Wer weiß heutzutage noch, dass ein Küfer Werkzeuge wie Brustleier oder Bandhaken verwendet? Wer weiß überhaupt, was ein Küfer ist? Sind die Wörter verschwunden, weil es den Beruf nicht mehr gibt? Oder verschwinden nicht auch Tätigkeiten und Dinge aus unserem allgemeinen Bewusstsein, weil keiner mehr die Wörter für ihre Bezeichnung kennt?

Die Sprache kann immer alle Phänomene ihrer Welt verarbeiten und sie ist sogar maßgeblich an deren Deutung und Existenz beteiligt. Die Alltagssprache, mit der wir uns normalerweise verständigen, ist jedoch oft unklar und mehrdeutig, und manchmal gerät man in Probleme, indem man einfach nur über die Grammatik stolpert. Denken Sie beispielsweise an jemanden, der Ihnen auf die Frage: „Woran denkst du?“ antwortet: „An nichts.“ Wenn Sie jetzt etwas über die Beschaffenheit und Größe dieses Nichts erfahren wollen, erzeugen Sie ein philosophisches Problem, wo eigentlich gar keines sein sollte. Aus diesem Grund ließen viele Philosophen die Alltagssprache links liegen und befassten sich lieber mit idealen Sprachen, in denen solche Missdeutungen nicht vorkommen konnten. Sie gingen damit zwar vielen metaphysischen Problemen aus dem Weg, aber sie handelten sich dafür andere ein.

Die Sprachwissenschaft und die Sprachphilosophie entwickelten ein paar grundlegende Unterscheidungen, um das Phänomen Sprache in den Griff zu bekommen. Eine wichtige Aufteilung, die auf den amerikanischen Philosophen Charles Sanders Peirce (1839-1914) zurückgeht, ist die Unterscheidung in Syntax, Semantik und Pragmatik. Die Syntax einer Sprache betrifft die Beziehungen der Zeichen innerhalb des Zeichensystems, hierher gehören die Grammatik und der Satzbau. Die Semantik hat es mit den Beziehungen des Zeichens zum Bezeichneten zu tun, hier geht es um das zentrale Thema der Bedeutung. Die Pragmatik schließlich setzt die Zeichen in Beziehung zum Verwender, das heißt zum Sprecher und Hörer, und umfasst alle Zwecke und Zwänge, die sich aus sprachlichen Äußerungen für die Sprecher und Hörer ergeben.

Sprache ist immer in eine Welt des Handelns eingebunden. Die Zeichen, Wörter und Sätze einer Sprache machen diese Handlungswelt durchsichtig, passen sich ihr an und verändern sie auch. Sprache dient damit nicht nur der Kommunikation, sondern auch der Aneignung und Gestaltung der Welt. Sprache ist aufs engste mit dem Denken verknüpft, und zwar so eng, dass die Frage, ob das Denken eine Voraussetzung für das Sprechen oder umgekehrt die Sprache eine Voraussetzung für das Denken ist, sich nicht entscheiden lässt. Beides kann nicht voneinander getrennt werden.

5.2. Die Frage nach der Bedeutung

Zur entscheidenden Frage der Sprachphilosophie wird die Frage nach der Bedeutung. Sprachliche Zeichen, egal ob mündlich ausgesprochen oder schriftlich niedergelegt bedeuten etwas, und ein Hörer oder Leser versteht, was damit gemeint ist. Wie hat man sich die Verbindung der Sprachausdrücke mit dem darin ausgedrückten Inhalt vorzustellen?

Diese Frage wird bei John Locke erstmals ausführlich diskutiert. Locke unterscheidet Bewusstseinsinhalte von sprachlichen Ausdrücken. Sie haben also Vorstellungen in Ihrem Bewusstsein, die bestimmte Gegenstände oder Ereignisse repräsentieren, und drücken diese durch ein oder mehrere Wörter aus. Die Bedeutung eines

Wortes ist in dieser Theorie so etwas wie ein mentales Zeichen. Locke spricht von Ideen (*ideas*). Deshalb nennt man diese Theorie auch Ideationstheorie. Auf den ersten Blick mag das als plausibel erscheinen. Jedes Wort hat eine Bedeutung, die Sie und ich im Kopf haben, und die wir mit einem bestimmten Wort bezeichnen. Bei verschiedenen Sprachen wird diese Bedeutung eben mit einem jeweils anderen Wort verbunden. Wo Sie „Tisch“ sagen, sagt der Engländer „*table*“. Es ist aber die gleiche Vorstellung damit gemeint.

Bei näherer Betrachtung erscheint die Theorie aber bald nicht mehr einleuchtend. Denn wie sieht die Vorstellung denn genau aus, die Sie sich beim Wort Tisch machen? Ist es ein Esstisch? Ein Schreibtisch? Was stellen Sie sich vor, wenn Sie „Blume“ sagen oder „Hut“? Vielleicht stellen wir uns etwas Verschiedenes vor? Sie denken an eine Rose und einen Damenhut, ich an eine Sonnenblume und einen Cowboyhut. Es gibt auch Worte, bei denen Sie vielleicht gar keine innere Vorstellung haben, bei Begriffen wie „Vorschrift“, „Zinseszins“ oder „Lösung“. Vielleicht stellen wir uns dabei etwas so verschiedenes vor, dass die Vorstellung schon beliebig wird. Die Theorie von der Vorstellung im Bewusstsein führt uns nicht wirklich zu einem klaren Verständnis der Bedeutung. Die Theorie wirft mehr Probleme auf, als sie löst.

Eine andere klassische Bedeutungstheorie ist die sogenannte Referenztheorie. Sie wird am Anfang von Wittgensteins „Philosophischen Untersuchungen“ am Beispiel von Augustinus aufgegriffen. In dem Beispiel berichtet Augustinus, wie er als Kind darauf achtete, wie die Erwachsenen Dinge mit einem Namen bezeichneten, und wie er auf diese Weise nach und nach lernte, welche Bedeutungen die Wörter haben. Die Referenztheorie hat gegenüber der Ideationstheorie den Vorteil, dass Bewusstseinsinhalte keine Rolle mehr spielen. Es ist gleichgültig, was wir uns vorstellen, wenn wir nur jeden Gegenstand mit dem richtigen Wort bezeichnen. Und das lernen Sie durch Hinweise. „Das ist ein Tisch, das ist eine Blume“ und so weiter. Ein Zeichen hat jetzt eine Bedeutung, wenn es sich auf einen Gegenstand bezieht. Die Bedeutung eines Wortes ist der damit bezeichnete Gegenstand. Die Wörter funktionieren wie Namenstäfelchen, die Sie den Gegenständen aufkleben könnten.

Doch diese Theorie orientiert sich völlig an Nomen. Am besten funktioniert sie sogar mit Eigennamen. Und was ist mit anderen Wortarten? Mit Verben? Oder gar mit Konjunktionen? Wie erklären Sie durch bloßes Hinweisen die Bedeutung von „und“? Der englische Philosoph Bertrand Russell unterscheidet Einzeldinge und Universalien, die in Form von Prädikaten von Einzeldingen ausgesagt werden. Von Einzeldingen werden dann in Sätzen Eigenschaften und Beziehungen ausgesagt. Die Beziehung zwischen Zeichen und bezeichnetem Einzelding bleibt das Fundament. Doch wie verhält es sich mit Wörtern und Ausdrücken, die sich auf nichts beziehen, wie zum Beispiel der Weihnachtsmann, Hobbits oder der gegenwärtige König von Frankreich. Auch die Referenztheorie verwickelt sich in praktische Schwierigkeiten. Eine Lösung der Philosophie bestand darin, die Sprache zunächst einmal aus ihren zufälligen Verbindungen mit der Welt zu lösen und ihre reine Form herauszuarbeiten: eine ideale Sprache.

5.3. Philosophie der idealen Sprache

An der Wende zum 20. Jahrhundert steht parallel zur Entstehung der formalen Logik ein radikal neuer Ansatz in der Sprachphilosophie, und es sind die gleichen Denker, die sowohl Logik als auch Sprachphilosophie revolutionieren. An erster Stelle stehen Gottlob Frege, Bertrand Russell, Ludwig Wittgenstein und Rudolf Carnap. Man spricht von einer Philosophie der idealen Sprache, da die Vertreter dieser Theorie sich von den Zufälligkeiten und Mehrdeutigkeiten der tatsächlichen Sprache lösen wollen und dazu die Mittel der neuen formalen Logik nutzen.

Die Sprache, um die es hier geht, hat nichts mit subjektiven Vorstellungen und Meinungen zu tun. Die Sprache wird als unabhängig von allen Sprechern genommen. Es geht um reine objektive Bedeutung und es geht um eindeutige Bedeutung. Um dies zu erreichen wird die Sprache in ihrer Tiefenstruktur logisch analysiert. Sie ahnen worauf dies hinausläuft: die Sprache wird formalisiert. Diese ideale Sprache ist primär eine Sprache der Wissenschaften, das Ziel ist eine objektive Beschreibung der gesamten Wirklichkeit.

Sprachliche Bedeutung wird von einzelnen Begriffen auf Sätze verlagert. Nur einem Satz, nicht Wörtern, kann Bedeutung zukommen. Den Anstoß zu dieser Entwicklung gab Gottlob Frege. Vergleichen Sie zur Veranschaulichung die beiden folgenden Sätze:

1. Der Morgenstern ist identisch mit dem Morgenstern.
2. Der Abendstern ist identisch mit dem Morgenstern.

Beide Sätze haben die gleiche Bedeutung, da jedes Mal der Planet Venus gemeint ist, sie haben aber in anderer Weise nicht die gleiche Bedeutung. Der erste Satz ist eine reine Tautologie, die keinerlei Information enthält, der zweite Satz dagegen ist informativ.

Um diesen Unterschied zu erfassen, führt Frege die Unterscheidung zwischen Sinn und Bedeutung ein. Mit Bedeutung bezeichnet er das, was ein Satz bezeichnet, mit Sinn den Informationsgehalt des Satzes. Der Sinn eines Satzes ist der darin ausgedrückte Gedanke. Bedeutung bezieht sich auf den Wahrheitswert eines Satzes. Die Bedeutung eines Satzes kann also wahr oder falsch sein. Freges Wahl seiner Termini ist leider etwas unglücklich, da wir umgangssprachlich oft das als Bedeutung nehmen, was er als Sinn bezeichnet.

Terminologisch klarer ist eine Unterscheidung, die etwas später Rudolf Carnap (1891-1970) trifft, nämlich die zwischen Extension und Intension. Die Extension bezeichnet bei Einzeldingen oder Namen das Element, welches damit bezeichnet wird, bei Sätzen analog zu Freges Bedeutungsbegriff den Wahrheitsgehalt, also wahr oder falsch. Die Intension entspricht dem, was Frege als Sinn bezeichnet, also dem mit einem Ausdruck verbundenen Inhalt. Nehmen Sie das Beispiel „Tisch". Extensional ist es die Menge aller Tische, intensional ist es ein Möbelstück mit waagrechter Oberfläche.

Die Theorie der idealen Sprache ist eine Weiterentwicklung der Referenztheorie. Die Bedeutung wird nicht an einzelnen Wörtern, sondern an Sätzen festgemacht. Die Bedeutung eines Satzes ist sein

Wahrheitswert, dieser kann die Werte wahr oder falsch annehmen. Die Sprachphilosophie verschmilzt hier mit der Logik, denn die ideale Sprache drückt sich in formaler Logik aus. Diese ist das Gerüst der idealen Sprache. Das Ziel besteht darin, eine formallogische Sprache zu entwickeln, die die Welt eindeutig und angemessen beschreibt. Ihren Höhepunkt findet die Theorie bei den Philosophen des Wiener Kreises um Moritz Schlick und Rudolf Carnap.

Doch die Philosophie der idealen Sprache erbt von der Referenztheorie das Problem, dass es Sätze oder auch Elemente gibt, die sehr wohl einen intensionalen Sinn haben, aber keine extensionale Bedeutung. Nehmen Sie etwa das Element „Einhorn" oder den Satz „Alle Einhörner sind weiß." Was für einen Wahrheitswert hat dieser Satz. Er ist natürlich nicht wahr aber auch nicht falsch, in dem Sinn wie etwa der Satz „Alle Pferde haben einen Rüssel" falsch ist. Aussagen über Einhörner sind nicht zu verifizieren. Also müssen solche Sätze unsinnig sein und fliegen aus einer möglichen idealen Sprache hinaus, ebenso wie Aussagen über Gott oder andere Themen der Metaphysik.

Eine Veranschaulichung für die Vorgehensweise der Philosophie der idealen Sprache ist Russells Beispiel mit dem gegenwärtigen König von Frankreich. Am Beginn des 20. Jahrhunderts gab es schon lange keinen König mehr in Frankreich. Was macht man jetzt mit dem Satz: „Der gegenwärtige König von Frankreich ist kahlköpfig"? Der Satz ist nicht verifizierbar, da er sich auf ein Element bezieht, das es nicht gibt. Russell schlägt deshalb vor den Satz prädikatenlogisch so umzuformulieren, dass er lautet: „Es gibt genau einen gegenwärtigen König von Frankreich für den gilt, dass er kahlköpfig ist.": $\exists x\ K(x)$. Und dieser Satz kann dann endlich einen Wahrheitswert bekommen, denn jetzt ist er falsch.

Die Theorie der idealen Sprache mag damit Eindeutigkeit erreichen, aber sie entfernt sich damit ziemlich weit von der Sprache des Alltags. Diese Probleme ergeben sich aus der Fixierung der Philosophie der idealen Sprache auf beschreibende Aussagesätze und auf den Anspruch einer wissenschaftlichen Beschreibung der Welt. Niemand hat dies besser erkannt als Ludwig Wittgenstein, der mit seinem Frühwerk „Tractatus logico philosophicus" einer der Hauptvertreter der Theorie war. Deshalb hat Wittgenstein sich von der Position der idealen Sprache abgewandt und wurde zum Begründer der Philosophie der normalen Sprache.

5.4. Philosophie der normalen Sprache

Das Programm der Eindeutigkeit und Exaktheit der Philosophie der idealen Sprache übte zwar lange Zeit seine Faszination auf viele Philosophen aus, doch es vermochte seine Versprechen nie wirklich einzulösen. Es war Ludwig Wittgenstein, der schließlich mit dieser Theorie brach und statt formaler Sprachen die normale Alltagssprache in den Mittelpunkt rückte. Das Schlüsselwerk sind seine postum veröffentlichten „Philosophischen Untersuchungen." Aus den Gefilden abstrakter Logik kehrt die Sprachphilosophie in die Vielfalt der tatsächlichen Alltagssprache zurück. Die Bedeutung wird in die Praxis des lebensweltlichen Handels eingebunden. Die Semantik wird mit der Pragmatik verbunden.

Da die Philosophie im Gefolge von Wittgenstein die Alltagssprache in den Mittelpunkt stellte, nennt man diese Richtung *Ordinary Language Philosophy* oder auf Deutsch: Philosophie der normalen Sprache.

Wittgensteins Gebrauchstheorie der Bedeutung

Wittgenstein kritisiert zunächst, dass die traditionelle Sprachphilosophie sich zu stark an Nomen orientierte, wie oben im Zusammenhang mit der Referenztheorie schon erwähnt wurde. Dem Ansatz mit dem hinweisenden Erlernen von Bedeutungen stellt er ein sehr anschauliches Beispiel gegenüber. Ein Kind wird zum Einkaufen geschickt mit einem Zettel, auf dem steht „fünf rote Äpfel". Der Kaufmann nimmt nun den Zettel und vergleicht als erstes den Namen Äpfel mit den Aufschriften auf seinen Kisten, dann schaut er auf einer Farbskala nach, welche dieser Äpfel rot sind und anschließend zählt er laut bis fünf, während er bei jeder Zahl einen Apfel in den Korb legt.

Wie gelangt er zu den Bedeutungen der Wörter auf dem Zettel? Jedenfalls auf ganz unterschiedliche Weisen, denn einmal vergleicht er Bilder, das andere Mal führte er die Tätigkeit des Zählens aus. Und das ist der neue Gedanke bei Wittgenstein, die Sprache ist in den Tätigkeiten des Alltags verwurzelt. Wenn Sie nach einer Bedeutung suchen, die irgendwie mit einem Wort verbunden ist, dann jagen Sie einem Phantom hinterher. Es gibt nicht so etwas, wie eine Bedeutung, die zu den Begriffen hinzukäme. Hier lassen wir uns von der Sprache in die Irre führen, denn da manche Begriffe, vor allem die Nomen, sich Gegenständen zuordnen lassen, glauben wir, dass alle Begriffe so funktionieren müssten. Die einzelnen Wortarten haben aber ganz unterschiedliche Funktionen, so wie die verschiedenen Werkzeuge in einem Werkzeugkasten.

Aber was bleibt dann als Bedeutung übrig? Wittgensteins Antwort ist verblüffend einfach. Er sagt, die Bedeutung eines Wortes ist sein Gebrauch. Aus der Art, wie ein Begriff gebraucht wird, ergibt sich, was er bedeutet. Suchen Sie nicht nach tiefsinnigen Definitionen, sondern schauen Sie nach, wie die Menschen einen Begriff verwenden. Aber werden die Bedeutungen dann nicht willkürlich? Wenn die Menschen einen Begriff plötzlich anders verwenden, dann kann er doch nicht einfach die Bedeutung wechseln, oder doch? Natürlich, sagt Wittgenstein, und eben das passiert doch auch ständig und passierte im Laufe der Geschichte schon viele Male. Begriffe ändern ihre Bedeutungen, neue Begriffe entstehen und manche veralten und verschwinden. Aber das ist nicht willkürlich, sondern das findet seine Verankerung in den Handlungsweisen der Sprachgemeinschaft.

Wittgenstein führt in diesem Zusammenhang seinen Grundbegriff des Sprachspiels ein. Die Einbettung von Begriffen in die Tätigkeiten der Sprachgemeinschaft zeigt sich als eine Vielzahl von Sprachspielen. Wenn ein Kind in die Gemeinschaft sozialisiert wird, so lernt es die verschiedensten Sprachspiele, es lernt nicht Begriffe auswendig, sondern es lernt in bestimmten Situationen bestimmte

Sätze zu sagen. Und es lernt vor allem auch, die Sprachspiele richtig anzuwenden. Es geht um das Erlernen von Regeln und zwar oft genug von Regeln, die man gar nicht bewusst formuliert, sondern die man automatisch anwendet.

Auf diese Weise löst sich auch das alte metaphysische Problem vom Wesen der Dinge. Sie erinnern sich? Platon ging davon aus, dass es ein Wesen in Form einer Idee geben müsse, das von den jeweiligen Einzeldingen repräsentiert werde. Beim Versuch die Idee konkreter Begriffe wie Tisch oder Ball greifbar zu machen, verheddert sich das Denken. Ist ein Federball oder die Steinfigur eines Balls nun auch ein Ball oder nicht? Wittgenstein veranschaulicht das Problem am Beispiel des Begriffs „Spiel". Denn was ist ein Spiel? Was ist das Gemeinsame, das Wesen aller Spiele? Fußball, Schach, Sackhüpfen, Rommé, was haben sie gemeinsam? Ist es der Wettkampf um Sieg oder Niederlage? Aber Kinder spielen auch mit Puppen oder mit Autos. Sie spielen zusammen oder alleine, am Computer oder nur mit den Fingern. Und Sie können auch Klavier oder Geige spielen. Ein Spiel kann bloßer Zeitvertreib, es kann Kunst und es kann Gelderwerb sein. Also kann man gar nicht bestimmen, was denn nun ein Spiel ist? Auch das stimmt nicht, da wir den Begriff ja ganz richtig verwenden können und auch bei all den genannten Spielen wissen, was jeweils damit gemeint ist. Wittgenstein spricht hier von Familienähnlichkeiten. So wie die Mitglieder einer Familie bestimmte Ähnlichkeiten aufweisen, wie Größe, Haarfarbe oder Nasenform, ohne dass alle Mitglieder die gleichen Merkmale hätten, so bilden auch die Spiele eine Art Familie. Manche sind Wettkämpfe, manche davon werden mit Karten gespielt, manche mit Bällen, es gibt aber auch Ballspiele, die keine Wettkämpfe sind und so weiter. Das eine Wesen des Spiels gibt es nicht.

Wittgenstein sagt ganz deutlich, dass die Sprache ganz verschiedene Funktionen hat, das Benennen von Dingen ist nur eine davon. Die Philosophie konzentrierte sich lange Zeit viel zu sehr auf sachliche Aussagesätze, wahrscheinlich deshalb, weil Philosophen sich ganz überwiegend in Aussagesätzen ausdrücken. Dabei umfasst die

Sprache viel mehr Handlungen, wie zum Beispiel: erzählen, bitten, fluchen, beschreiben, berichten, Witze erzählen, versprechen, drohen und vieles mehr.

Austins Theorie der Sprechakte

Dieser Gedanke wurde von anderen Denkern aufgegriffen und weiterentwickelt. Eine Schlüsselstellung nimmt dabei der englische Philosoph John Langshaw Austin (1911-1960) ein, der in seiner gleichnamigen Vorlesungssammlung die Theorie der Sprechakte entwirft. Sein Grundgedanke besteht darin, dass wir mit Sprechhandlungen nicht nur etwas benennen, sondern dass wir damit etwas tun. Jeden Satz nur daraufhin zu untersuchen, ob er wahr oder falsch ist, greift viel zu kurz. Es gibt Handlungen, die sogar einzig und allein darin bestehen, dass wir etwas aussprechen. Austin nennt hier solche Äußerungen wie „Ich verspreche es", oder er verweist auf den Standesbeamten, der mit den Worten „Hiermit erkläre ich Sie zu Mann und Frau" eine rechtliche Handlung ausführt. Nachdem dieser Satz ausgesprochen wurde, haben sich die Lebensumstände des Paares entscheidend geändert, mit einer ganzen Reihe an möglichen Konsequenzen. Austin nennt solche Sprechakte performativ. Semantik und Pragmatik gehen hier ineinander über.

Performative Äußerungen sind also Sätze, mit denen wir nicht über etwas berichten oder etwas beschreiben, sondern mit denen wir irgendeine andere Tätigkeit ausführen. Oft und gerade bei Philosophen kommt es zu Missverständnissen, weil ein Satz wegen seiner grammatikalischen Gestalt als beschreibende Aussage verstanden wird, obwohl er doch eine ganz andere Funktion hat. Dies gilt vor allem für ethische und ästhetische Aussagen. Der Satz „Michelangelos David ist wunderschön" ist weniger die Feststellung einer Tatsache als ein ästhetisches Werturteil, das den Angesprochen auffordert, den Anblick der Statue ebenfalls so zu empfinden. In welchem Sinn sollte dieser Satz wahr oder falsch sein? Solche performativen Äußerungen sind also nicht wahr oder falsch, aber sie können Erfolg haben oder fehlschlagen.

Austin unterscheidet drei Ebenen bei jeder Äußerung, die heute fester Bestandteil in der Terminologie der Sprachphilosophie sind. Da ist zunächst der lokutionäre Akt, der eine sprachliche Äußerung mit einer bestimmten Bedeutung und einer grammatikalische Struktur ist. Dieser wird ergänzt durch den illokutionären Akt, der für Austin der wichtigste Teil seiner Untersuchungen ist. Auf der Ebene des illokutionären Aktes kommt der Handlungsaspekt der Sprechhandlung zum Ausdruck. Der perlokutionäre Akt als dritte Ebene drückt das aus, was beim Adressaten der Sprechhandlung bewirkt werden soll. Der Zweck einer Sprechhandlung kann zum Beispiel darin bestehen, jemanden zu etwas zu veranlassen oder ihn einzuschüchtern. Die Theorie der Sprechakte wurde später von John Searle (geb. 1932) fortgeführt und noch weiter ausdifferenziert.

5.5. Übersetzungen und Weltbilder

In seinem Hauptwerk „Wort und Gegenstand" behandelt Willard van Orman Quine das Problem der Unbestimmtheit von Übersetzungen. Er stellt dazu folgendes Gedankenspiel an: Ein Sprachwissenschaftler soll eine bisher vollkommen unbekannte Sprache erforschen, von der er nicht ein einziges Wort spricht, und für die es auch noch keinen Dolmetscher gibt. Er ist einzig und allein auf die Äußerungen und Gesten der Eingeborenen angewiesen.

Also begleitet er den Alltag des Stammes und macht sich Notizen über deren Äußerungen, auf deren Grundlage er ein Wörterbuch und eine Grammatik der unbekannten Sprache erstellen will. Als ein Kaninchen vorbeihuscht, sagt ein Eingeborener „Gavagai". Der Forscher wird vermuten, dass Gavagai „Kaninchen" bedeutet. Es gibt aber kein Kriterium zu entscheiden, ob Kaninchen und Gavagai den gleichen Bedeutungsumfang haben. Vielleicht bezeichnet Gavagai nur ein bestimmtes zeitliches Stadium im Kaninchenleben oder nur Teile eines Kaninchens. Zeigt man auf ein Kaninchen, so hat man gleichzeitig auch auf ein Kaninchenstadium und auf einen Kaninchenteil gezeigt. Er hat also keine Möglichkeit, um festzustellen, ob „Gavagai" und „Kaninchen“ synonym sind.

Quine will mit diesem Beispiel zeigen, dass die Bedeutung von Wörtern sich nicht eindeutig festlegen lässt. Es gibt keine objektiven Begriffe, um so etwas zu entscheiden, da auch Begriffe wie „Bedeutung“ oder „Gleichheit“ ihre Bedeutung erst innerhalb einer Sprache bekommen müssen. Jede Sprache ist deshalb ein eigenständiges System mit einem unterschiedlichen Begriffsumfang. Übersetzungen können nie etwas anderes sein, als ungefähre Annäherungen.

Je persönlicher oder auch poetischer eine Äußerung wird, desto schwieriger ist es, eine bedeutungsgenaue Übersetzung in eine andere Sprache vorzunehmen. Am extremsten ist dies bei Gedichten. Daraus folgt, dass mit einer Sprache ein bestimmtes Weltbild verbunden ist. Jede Sprache eröffnet eine eigene Welt. Solche Bedeutungsverschiebungen und Überlappungen finden sich bereits bei verwandten Sprachen, wie denen der indogermanischen Sprachfamilie. Versuchen Sie zum Beispiel eine sinngetreue Übersetzung des englischen *Common Sense* zu finden. Jeder Ausdruck, den sie verwenden, sei es der gesunde Menschenverstand, der Gemeinsinn oder etwas anderes, ist bereits eine Interpretation, die die Bedeutung des Ursprungsbegriffs nur begrenzt wiedergibt. Es sind vor allem die Konnotationen von Begriffen, die verloren gehen, jene Anklänge und Anspielungen auf andere Begriffe, die sich aus unterschiedlichen Wortverwandtschaften ergeben. Aus diesem Grund sind es speziell Witze und ironische Wortspiele, die meist überhaupt nicht übersetzbar sind.

Wenn das bereits bei ähnlichen Sprachen aus einem gleichen Kulturkreis zu Bedeutungsunschärfen führt, um wie viel mehr ist dies dann bei völlig fremden Sprachen der Fall. Nehmen Sie Übersetzungen aus dem Chinesischen ins Deutsche, etwa bei einem klassischen Text der chinesischen Philosophie, wie dem „Daodejing“ von Laozi, so stehen Sie vor verschiedenen Übersetzungen, bei denen Sie sich fragen, ob die Texte wirklich aus dem gleichen Buch übertragen wurden.

Unsere Sprache prägt unser Denken, so wie unser Denken sich als Sprache ausdrückt. Der Gedanke, dass ihre Sprache das Weltbild einer Gemeinschaft formt, findet sich bereits bei Wilhelm von Humboldt (1767-1835). Das Erlernen einer neuen Sprache eröffnet Ihnen eine neue Welt.

Der gleiche Ansatz wurde in den fünfziger Jahren des 20. Jahrhunderts von den Sprachforschern Edward Sapir (1884-1939) und Benjamin Whorf (1897-1941) zur sogenannten Sapir-Whorf-Hypothese ausgebaut. Die Hypothese besagt, dass das Denken von Menschen durch die Grammatik und den Wortschatz ihrer jeweiligen Sprache bedingt ist. Das hat zur Folge, dass es in einer Sprache Gedanken geben kann, die von Sprechern anderer Sprachen nicht nachvollzogen werden können. Die Verschiedenheit der Sprachen bedingt eine Relativität der Weltbilder. So sind beispielsweise die Einteilungen der Wirklichkeit in verschiedenen Sprachen unterschiedlich. Konkrete Beispiele, mit denen die Sapir-Whorf-Hypothese illustriert wurde, und die vor allem aus der Sprache der Hopi-Indianer stammen, wurden später als fehlerhaft und schlecht recherchiert widerlegt. Dies macht aber nicht die Hypothese als solche hinfällig. Die Frage ist nur, wie weitreichend die Verschiebungen in den Bedeutungen sind.

Einen eigenständigen und radikalen Ansatz zur Beziehung von Sprache und Denken entwickelt Martin Heidegger in seinem Spätwerk. Berühmt ist seine Formel: „Die Sprache ist das Haus des Seins“ aus dem „Brief über den Humanismus“. Es ist die Aufgabe des Denkens und damit des Philosophierens das Sein zur Sprache zu bringen. In der Sprache enthüllt sich das Sein des Seienden in jeweils anderer Weise, es lässt sich in verschiedenen Epochen und unterschiedlichen Sprachgemeinschaften anders sehen, oder anders ausgedrückt, es zeigt sich jeweils anders, wobei diese Art von Sich-Zeigen noch vor der Frage nach wahr oder falsch steht. Was überhaupt wahr werden kann, hängt davon ab, wie das Sein des Seienden sich zeigt.

Diesen Gedanken greift Hans-Georg Gadamer (1900-2002) in seinem Hauptwerk „Wahrheit und Methode“ auf. Nur durch die Sprache haben die Menschen überhaupt so etwas wie Welt, denn Sprache macht die Welt offenbar. Die Sprache hat gegenüber dem

Einzelnen ein selbständiges Dasein, in das er hineinwächst. Sie ist kein bloßes Mittel zur Verständigung. Der Mensch ist so ein Teil eines Wahrheitsgeschehens, das nie zum Abschluss kommt. Aus der Sprachlichkeit jeder Weltsicht folgt, dass es keine Welt an sich gibt, an der man die Weltansichten messen könnte. Dies ist kein Relativismus, denn das, was Welt selbst ist, kann nicht von den Weltansichten getrennt werden, denn es gibt keinen Standort außerhalb der sprachlichen Welterfahrung.

6. Philosophie des Geistes

6.1. Leib - Seele - Gehirn

Was heute unter der Bezeichnung Philosophie des Geistes behandelt wird, war ursprünglich als Leib-Seele-Problem ein Bestandteil der Metaphysik. Als die Seele ihre Bedeutung als philosophisches Thema verlor, verschwand auch das Leib-Seele-Problem aus dem Zentrum des Interesses. In der Mitte des 20. Jahrhundert bekam das Thema im Zusammenhang mit der Erforschung des menschlichen Gehirns jedoch neue Aktualität. Wegen dieser Schnittstelle zur naturwissenschaftlichen Forschung wird die Philosophie des Geistes heute meist als eigene Disziplin behandelt. Es geht hier um die Frage, was eigentlich das Bewusstsein ist, und wie und auf welche Weise geistige Akte und Vorstellungen Wirkungen in der tatsächlichen Welt entfalten können. Denn nur wenn dies möglich ist, kann es auch so etwas wie einen freien Willen geben.

Die Neurophysiologie machte und macht rasante Fortschritte, die Erforschung des Gehirns schreitet stetig voran, man kann heute viele mentale und emotionale Akte bestimmten Hirnregionen zuordnen, und man kennt den anatomischen Aufbau des Gehirns und des Zentralnervensystem mit all seinen Billionen von Nervenzellen bis ins Detail. Eine wirkliche Erklärung dessen, was wir alle als unser ganz alltägliches Bewusstsein und Selbstbewusstsein kennen, und wie Wünsche, Ängste und Absichten Handlungen erzeugen, ist aber bisher nicht gelungen. Und der Verdacht liegt nahe, dass dies mit rein naturwissenschaftlichen Methoden auch nicht gelingen kann.

Die Diskussion entstand im angelsächsischen Sprachraum als *Philosophy of Mind*. Der englische Ausdruck *mind* ist deutlich nüchterner als die deutschen Begriffe wie Seele oder Geist, die immer einen gewissen Ballast an metaphysischen Assoziationen mit sich schleppen. Es hat sich daher in der Diskussion eingebürgert, anstelle von „Geist" lieber das „Mentale" zu verwenden. Auf diese Weise werden Assoziationen an religiöse Ideen oder an den Deutschen Idealismus vermieden.

Es geht also um die Seinsweise des Mentalen und sein Verhältnis zum Materiellen, oder zum Physischen, wie man meist sagt. In welchem Verhältnis stehen Körper und Geist, Gehirn und Bewusstsein zueinander? Welche Beziehung besteht zwischen physischen und mentalen Phänomenen? Zu den mentalen Phänomenen gehören dabei nicht nur bewusste Akte und Gedanken, sondern ebenso unbewusste Regungen, Empfindungen und Gefühle.

Sind beide Phänomene vielleicht sogar aufeinander rückführbar? Sind mentale Ereignisse von physischen abhängig und werden sie von ihnen ausgelöst? Davon gehen wir normalerweise aus, auch wenn wir die Konsequenzen dieser These nicht anerkennen wollen. Denn wenn mentale Vorgänge die Folgen physischer Ereignisse sind, dann bleibt für ein selbständiges Bewusstsein und einen freien Willen kein Platz mehr. Oder wie sollen wir uns das vorstellen?

Wir alle haben ein Bewusstsein, das für uns der Kern der Welt ist, denn wir können die Welt nur aus unserer subjektiven Perspektive betrachten. Doch es gibt nur ein einziges Bewusstsein, von dem ich weiß, nämlich mein eigenes. Ich gehe davon aus, dass Sie und alle anderen Menschen auch ein solches Bewusstsein haben, aber es ist mir so unzugänglich, wie Ihnen mein Bewusstsein. Als dieses Bewusstsein sage ich „Ich", und dieses Ich steht im Mittelpunkt vieler Beobachtungen, Erinnerungen und Gedanken, vieler Empfindungen, Gefühle und Wünsche, und von einigen dieser Vorstellungen hoffe ich, dass sie niemals bekannt werden mögen. Dieses Ich, dieses Selbstbewusstsein mag untrennbar mit meinem Gehirn verbunden sein, dennoch ist es für mich etwas völlig anderes, etwas absolut Eigenständiges. Mein Bewusstsein ist nicht nur das Allerwichtigste, das ich habe, ich bin es selbst. Diese Selbstverständlichkeit, ohne die es für mich gar nichts geben kann, ist mir zum Rätsel geworden. Was bin ich denn überhaupt?

Zunächst möchte ich Ihnen die aufschlussreiche Geschichte von Phineas P. Gage erzählen, einem Vorarbeiter bei einer amerikanischen Eisenbahngesellschaft, der 1848 einen schweren Unfall erlitt. Eine etwa drei Zentimeter dicke Eisenstange bohrte sich durch seinen ganzen Kopf, sie trat unterhalb des Wangenknochens ein und ragte oben aus dem Schädel heraus. Doch Phineas P. Gage war nicht tot, nicht einmal bewusstlos. Er konnte sich unterhalten und seine Situation sachlich kommentieren. Nach nur zwei Monaten wurde er als geheilt aus dem Krankenhaus entlassen. Er hatte zwar ein Auge verloren und besaß jetzt eine kuriose Narbe, aber körperlich war er wieder gesund, - jedoch nur körperlich. Phineas P. Gage war nämlich zu einem anderen Menschen geworden. War er vorher ein freundlicher und geselliger junger Mann, so war er jetzt launisch und aggressiv, ein neuer Mensch im gleichen Körper.

Dies ist ein spektakuläres Beispiel für die Abhängigkeit der mentalen Welt von den körperlichen Grundlagen. Man hat später rekonstruiert, dass bei Phineas P. Gage ein Teil des Frontalhirns zerstört worden war, und zwar der Teil, in dem soziale Regeln und Konventionen verarbeitet werden. Ein wesentlicher Teil seiner menschlichen Persönlichkeit war bei dem Arbeiter zerstört, für ihn selbst jedoch existierte diese menschliche Komponente nicht mehr. Es gibt viele solcher Fälle, wo Menschen durch Verletzungen oder Tumore ihre Persönlichkeit verändern oder geistige Fähigkeiten verlieren, die sie zuvor auszeichneten. Zutiefst menschliche und persönliche Eigenschaften, von denen wir glauben, dass sie uns im Innersten ausmachen, sind also direkt im Gehirn lokalisiert.

Die Philosophie des Geistes greift bewusst die Ergebnisse der Naturwissenschaften auf und erhofft sich von dort Aufschlüsse. Niemand stellt heute ernsthaft in Frage, dass der Geist oder das Mentale sich im Gehirn abspielt. Verletzungen des Gehirns haben unmittelbare Auswirkungen auf die Denkfähigkeit. Das gleiche gilt für den Einfluss von Drogen und Medikamenten. Viele mentale Akte lassen sich bestimmten Gehirnregionen zuordnen. So weiß man, wo das Sprachzentrum liegt, oder wo mathematische und logische Berechnungen durchgeführt werden. Man weiß, wo Gefühle ihren Sitz haben und wo Erinnerungen abgelegt werden. Doch sind wir dabei der Frage, was diese mentalen Akte sind, was das Bewusstsein ist, wirklich näher gekommen?

6.2. Vom Substanz-Dualismus zum Monismus

Der Gedanke, dass unser Geist etwas ganz Besonderes ist, das mit unserem vergänglichen Körper nur zufällig verknüpft ist, entstand schon in der Frühzeit des menschlichen Denkens. Vorstellungen einer immateriellen Seele, die vielleicht sogar unsterblich ist, und den Tod des Körpers überdauert, finden sich schon in der Antike, namentlich bei Platon. Für das christliche Mittelalter ist die Unsterblichkeit der Seele sogar eine zwingende Voraussetzung des ganzen Systems.

Doch mit Beginn der Neuzeit bekommt die Frage eine ganze neue Dringlichkeit. Körper und Seele waren miteinander verbunden und die Seele beseelte den Leib. Wie genau die Seele im Körper „drinnen" ist, das hatte bisher nicht so detailliert interessiert. Das Leib-Seele-Problem wird erst in der Neuzeit wirklich brisant, da jetzt das Geistige als deutlich unterschieden vom Materiellen gesehen wird. Denn jetzt wird das Materielle mechanisch verstanden, nicht mehr organisch. Geist und Körper sind zwei völlig verschiedene Entitäten.

Mit aller Schärfe formuliert René Descartes das Problem. Descartes findet eine Neubegründung der Philosophie, indem er seine absolute Gewissheit im Selbstbewusstsein des „Ich denke" entdeckt. Sie erinnern sich an die Überlegungen im Kapitel zur Erkenntnistheorie. Die Wirklichkeit zerfällt damit für Descartes in zwei Substanzen: in die *res cogitans*, die denkende Substanz, und in die *res extensa*, die ausgedehnte Substanz.

Substanz ist in der klassischen Metaphysik das, was für sein Sein kein anderes braucht. Diese beiden Substanzen, Ausdehnung und Denken, oder Materie und Geist sind jetzt radikal verschieden voneinander. Die Trennung ist so stark, wie sie es noch nie in der Geschichte der Philosophie gewesen ist. Die Welt des Geistes ist die Welt der absoluten Gewissheit, die Welt des Selbstbewusstseins. Die Welt der Materie ist die Welt der mathematischen Naturgesetze, die Welt, in der Körper aufeinander einwirken, deren Beziehungen exakt berechnet werden können. Wenn diese beiden Sphären aber so strikt voneinander getrennt sind, wie können dann Geist und Materie aufeinander wirken?

Man bezeichnet eine solche Position wie die von Descartes als Substanz-Dualismus, da hier zwei voneinander verschiedene Substanzen nebeneinander stehen. Jede der beiden Substanzen hat ihre ganz eigenen Gesetzlichkeiten. Deshalb ist das Problem der gegenseitigen Einwirkung so fundamental. Mentale und physische Phänomene sind bei Descartes etwas völlig Verschiedenes, aber mentale Akte sollen auf die körperliche Realität einwirken können, während diese körperliche Realität doch andererseits etwas in sich Geschlossenes und mit mathematischer Genauigkeit Berechenbares ist. Damit haben Sie das ganze Problem umrissen. Wie kann etwas Ausdehnungsloses in der mechanischen Körperwelt Wirkungen entfalten?

Descartes glaubte an eine echte Wechselwirkung, vermochte das Problem aber nicht wirklich zu lösen, denn das, was er als Lösung anbot, hat niemanden wirklich überzeugt. Descartes glaubte die Verbindung zwischen Geist und Körperwelt in der Zirbeldrüse im Gehirn gefunden zu haben. Doch mehr als eine bloße Behauptung ist daraus nicht geworden.

Die Bedeutung des Leib-Seele-Problems können Sie auch daran erkennen, dass Descartes' Nachfolger fieberhaft nach einer neuen und wirklich tragfähigen Lösung suchten. Da gab es zum Beispiel die sogenannten Okkasionalisten, die das Problem auf Gott verlagerten. Gott richtet es so ein, dass die Ereignisse der Körperwelt immer mit den geistigen Phänomen zusammenfallen. Wenn Sie einen Stein werfen wollen, dann sorgt Gott dafür, dass Ihr Arm sich bewegt und der Stein durch die Luft fliegt. Eine solche Theorie verschafft Ihnen aber mehr Probleme als Sie vorher hatten.

Deutlich eleganter ist die Lösung von Leibniz, der annimmt, dass Geist und Körper parallel miteinander laufen. Es gibt keine direkten Wechselwirkungen zwischen Körper und Seele, da die Monaden, aus denen die ganze Wirklichkeit besteht, nicht aufeinander wirken. Sie sind jedoch so eingerichtet, dass sie in prästabilierter Harmonie miteinander harmonieren. Gott ist hier nur noch der große Programmierer, der die Monaden so eingestellt hat, dass sie im Gleichklang laufen, so wie Uhren, die unabhängig voneinander immer dieselbe Zeit anzeigen. Dieses Modell ist zwar in sich stimmig, benötigt aber so viele Voraussetzungen, dass es sich ebenfalls nicht allgemein durchsetzen konnte.

Wenn man davon ausgeht, dass Körper und Geist zwei unterschiedliche Substanzen sind, die ihre eigenen Gesetze haben, dann ist das Problem ohne metaphysische Voraussetzungen auch nicht lösbar. Heute vertritt niemand mehr ernsthaft einen Substanz-Dualismus.

Viel besser scheinen die Chancen, wenn man von einem Substanz-Monismus ausgeht, wenn man also annimmt, dass es nur eine Art von Substanz gibt. Das Problem der Wechselwirkung löst sich damit auf den ersten Blick in Nichts auf, da Physisches und Mentales nur zwei Erscheinungsformen der gleichen Sache sind.

Alle monistischen Positionen der Gegenwart sind materialistisch. Das Wirkliche ist die körperliche, materielle Welt, die mentalen Phänomene müssen in ihr begründet liegen. Theoretisch könnten sie auch die umgekehrte Position vertreten. Dann wäre der Geist das Wirkliche und die materielle Welt würde vom ihm hervorgebracht, oder vielleicht nur projiziert. Wurden solche Thesen im Deutschen Idealismus oder auch bei George Berkeley tatsächlich eingenommen, so ist das dem modernen Denken zu verwegen.

Seit dem 19. Jahrhundert geht die Wissenschaft davon aus, dass es nur Materie gibt, und dass geistige Phänomene irgendwie davon abhängen. Das Mentale wird damit zu einem speziellen Aspekt des Physischen. Der Bereich des Mentalen soll auf materieller Basis erklärt werden. Die Einwirkung der Materie auf den Geist ist nicht das Problem, da der Geist ja „irgendwie“ eine Funktion der Materie ist. Die Probleme verursacht die umgekehrte Wirkung, die uns doch so alltäglich vertraut ist. Sie fassen den Entschluss einen Apfel zu essen, nehmen ihn in die Hand und führen ihn zum Mund. Die Absicht, den Apfel zu essen, entsteht in Ihrem Bewusstsein. Wo ist das Problem? Das Problem liegt darin, dass Sie entweder zur Ursache von Ereignissen werden oder ein Automat sind.

Eine mögliche Lösung ist der sogenannte Epiphänomenalismus, der annimmt, dass Gehirnvorgänge und mentale Vorgänge der Substanz nach identisch sind, dass beides aber zwei verschiedene Eigenschaften der gleichen Substanz sind. Gehirnvorgänge hätten außer ihren physischen Eigenschaften dann auch nicht-physische, nämlich die mentalen Eigenschaften. Gehirnvorgang und Bewusstsein sind demnach nur zwei Seiten einer Medaille. Das Problem der Wechselwirkung entfällt, da gar keine kausale Wirkung stattfindet. Die mentalen Eigenschaften verhalten sich zu den Gehirnvorgängen, wie ein Schatten zum Körper. Eine solche Theorie vertrat zum Beispiel Ernst Haeckel (1834-1919). Mentale Ereignisse sind damit bloße Begleiterscheinungen der physischen Ereignisse, sie entfalten aber keinerlei Wirkung.

Wenn es aber keine mentale Verursachung von Ereignissen gibt, dann wird das Mentale zu einer Art Schattenspiel, das wie ein Film abläuft, in dem Sie sehen, was als ihr Leben und Handeln passiert, in den Sie aber nicht eingreifen können. Wenn Sie einen Schrei ausstoßen, dann nicht wegen eines Schmerzerlebnisses, sondern wegen des gleichen physischen Ereignisses, das den Schmerz auslöste. Im Grunde könnte man den ganzen Bereich des Geistigen wegkürzen und es würde sich an der Welt der Ereignisse nichts ändern. Diese Theorie widerspricht unserer alltäglichen Erfahrung. Hier wird ein Problem beseitigt, indem es wegdefiniert wird.

Noch radikaler ist die Position des Eliminativen Materialismus, wie er in jüngerer Zeit zum Beispiel von Paul Churchland (geb. 1942) vertreten wird. Diese Theorie behauptet, dass unser alltägliches Sprechen über mentale oder psychische Zustände schlichtweg unangemessen und veraltet ist. Unsere ganze Alltagspsychologie mit ihren Begriffen von Gedanken, Gefühlen oder Seelenzuständen werde restlos verschwinden, wie der Hexenglaube oder die Alchimie, und in einer rein neurowissenschaftlichen Terminologie aufgehen. Vielleicht wird aber eher der eliminative Materialismus ein solches Schicksal erleiden.

6.3. Philosophischer Behaviorismus

Eine der mächtigsten monistischen Theorien war der Philosophische Behaviorismus, der seit den 1950er Jahren in verschiedenen Ausgestaltungen vertreten wurde. Der besondere Charme dieser Theorie besteht darin, dass er in seinen Erklärungen ohne jeden Bezug auf metaphysische oder geistige Vorannahmen auskommt. Nach ihm gibt es nur das Physische. Alle Eigenschaften dieser Substanz sind physische Eigenschaften, auch das Mentale.

Der Ursprung der Theorie liegt in der Verhaltenstheorie und in der Psychologie. Sein Begründer war der Psychologe B. Frederic Skinner (1904-1990). Der Behaviorismus schränkt seinen Untersuchungsgegenstand einzig und allein auf das beobachtbare Verhalten ein. Innenansichten oder Selbstbeobachtungen spielen keine Rolle. Der Geist wird als eine Black Box behandelt. An die Stelle des Psychischen oder Mentalen tritt jetzt das beobachtbare Verhalten. Was im Geist geschieht ist nicht beobachtbar. Es ist sinnlos, davon überhaupt zu sprechen. Der Behaviorismus geht davon aus, dass grundsätzlich jede Aussage über mentale Phänomene in eine bedeutungsgleiche Aussage über ausschließlich physische Phänomene übersetzt werden kann.

Der philosophische Behaviorismus ist eine spezielle Form innerhalb der Theorie. Einer seiner Hauptvertreter ist der englische Philosoph Gilbert Ryle (1900-1976), dessen Hauptwerk den Titel „Der Begriff des Geistes" trägt. Ryle kritisiert dort ebenso scharf wie polemisch den Dualismus bei Descartes. Er bezeichnet die geistige Substanz als Gespenst in der Maschine und lehnt jede Introspektion, jeden Blick nach innen ab. Bei der Rede von geistigen Akten liegt eine Kategorienverwechslung vor, das heißt, die Vorstellung eines eigenständigen Geistes ist nur ein Mythos, der aus einem fehlerhaften Sprachgebrauch entsteht.

Von einem Kategorienfehler spricht man dann, wenn jemand einen Begriff in falscher Weise so anwendet, wie Begriffe einer ganz anderen Art. Ein klassisches Beispiel ist das Einlaufen einer Mannschaft ins Stadion. Ein Spieler nach dem anderen kommt herein, und als der letzte in der Reihe steht, fragen jemand erstaunt, wo denn jetzt die Mannschaft bleibe. Er behandelt den Begriff „Mannschaft“ so, als wäre das auch ein Spieler. Nehmen Sie als weiteres Beispiel an, ich will Ihnen die Universität von Erlangen zeigen. Dazu führe ich Sie zum Hörsaalgebäude, zur Philosophischen Fakultät, zur Uniklinik und zu weiteren Forschungseinrichtungen. Sie schauen sich alles an und fragen am Ende, wo denn jetzt die Universität ist. Sie glauben die Universität sei ein bestimmtes Gebäude, aber der Begriff Universität wird so verwendet, dass sie aus all diesen verschiedenen Gebäuden besteht.

Genauso ist es nach Ryle mit dem seltsamen Phänomen des Geistigen. Wir reden vom Geist und von mentalen Akten so, als wären es Körperteile oder Muskelbewegungen. Und weil wir über das Geistige so reden wie über körperliche Organe und Tätigkeiten, deshalb glauben wir, sie wären ebenso beschaffen, das heißt, sie würden der gleichen Kategorie angehören.

Das mag zwar alles so sein, können Sie jetzt einwenden, aber dennoch gibt es mentale Akte. Jedermann hat und vollzieht solche Akte ständig. Das war natürlich auch den Behavioristen bewusst, und sie wollten dieses Phänomen durch eine Umdeutung der mentalen Akte lösen. Das Problem besteht ja darin, dass es diese rätselhaften subjektiven Empfindungen und Vorstellungen gibt, die man von außen nicht nachempfinden kann. Also werden diese inneren mentalen Akte weggekürzt, indem man sie durch Dispositionen ersetzt. Wenn jemand behauptet, Durst zu haben, so lässt sich dies in die Disposition, etwas zu trinken, übersetzen. Wut besteht in der Disposition zu schimpfen oder jemanden anzugreifen. Mentale Akte lösen sich in Dispositionen zu Handlungen auf. Wenn jemand behauptet, aufgeregt zu sein, dann ist dies mit einem bestimmten körperlichen Zustand identisch, der sich durch Faktoren, wie einem hohen Blutdruck oder einem steigenden Adrenalinspiegel beschreiben und messen lässt. Die gezeigte Aufregung ist nur ein Indikator für einen bestimmten körperlichen Zustand, sie bietet keinen Blick in die Psyche oder gar Seele des Betreffenden.

Das Paradebeispiel ist der Schmerz, der fortan immer wieder eine prominente Rolle in der Philosophie des Geistes spielen wird. Was bedeutet es, wenn jemand Schmerzen hat? Jeder von uns kennt diese Erfahrung. Man hat Schmerzen, zum Beispiel Zahnschmerzen, die ganz unleugbar sind. Man fühlt den Schmerz, aber nur man selbst. Nur ich allein. Die Schmerzempfindung ist etwas zutiefst Privates. Wie geht nun der Behaviorismus mit dieser Empfindung um? Er übersetzt das Haben von Schmerzen in ein Schmerzverhalten. Ein Mensch, der Schmerzen hat, schreit oder stöhnt, er knirscht mit den Zähnen, er reibt sich die schmerzende Stelle. Er verhält sich ganz allgemein gesprochen so, dass man merkt, er habe Schmerzen.

Wenn jemand sagt, er habe Schmerzen, aber kein entsprechendes Verhalten zeigt, dann sind wir irritiert, oder wir glauben ihm vielleicht gar nicht. Stellen Sie sich vor, jemand sitzt Ihnen lächelnd gegenüber, nippt an einem Glas Wein und erzählt eine witzige Geschichte. Dazu behauptet er, dass er gerade sehr starke Schmerzen habe. Sie haben keine Möglichkeit, seine subjektive Empfindung nachzuprüfen oder zu widerlegen. Sie können nur sagen, dass in seinem Verhalten nichts darauf hindeutet, dass er Schmerzen habe. Wenn sie ausschließen wollen, dass er sie belügt, bleibt noch die Möglichkeit, dass er sich so gut beherrschen kann, dass er seinen Schmerz nicht zeigt, wie der berühmte Stoiker, der seine Hand ohne mit der Wimper zu zucken ins Feuer hielt. Umgekehrt ist der Fall vorstellbar, dass jemand ein guter Schauspieler ist, und Ihnen heftige Schmerzen vorgaukelt, obwohl er gar keine empfindet.

Der Behaviorismus löst das Problem des Mentalen indem er es streicht. Wir erhalten eine lückenlos beschreibbare Welt, in der nur noch Handlungen und Verhaltensdispositionen auftauchen. Doch die Theorie kann zwar vielleicht einige mentale Phänomene auf physische Ereignisse reduzieren, sie kann aber mindestens ebenso viele nicht erfassen.

Denn wie verhält es sich mit mentalen Akten, die sich nicht im Verhalten zeigen? Zum Beispiel das Empfinden einer bestimmten Farbe, oder das angenehme Gefühl, das aus einer Erinnerung entstehen kann. Überhaupt sind Gefühle, die nicht intentional auf Handlungsziele ausgerichtet sind ein Problem für jeden Behaviorismus. Dazu kommt, dass mentale Zustände sich physikalisch meist nicht einzeln zeigen, sondern in Verbindung mit anderen. Es lassen sich also bei weitem nicht alle mentalen Zustände vollständig als Verhaltensdispositionen beschreiben.

6.4. Identitätstheorie und Funktionalismus

Als Antwort auf die Schwierigkeiten des Behaviorismus entstand die Identitätstheorie. Ihr Begründer, der australische Philosoph J. J. C. Smart (1920-2012), versucht nicht mehr, mentale Akte aus der Theorie zu beseitigen, sondern vertritt die These, dass alle mentalen Zustände mit physischen Gehirnzuständen identisch sind. Der Unterschied liegt allein in der Beschreibung.

Wenn Sie sagen: „X ist die Hauptstadt Frankreichs“ und dann behaupten, „X ist die Stadt, deren Wahrzeichen der Eiffelturm ist“, so haben Sie beide Male mit X Paris beschrieben, nur unter verschiedenen Gesichtspunkten. Der extensionalen Bedeutung nach ist der Inhalt beider Beschreibungen identisch. Es gibt nur semantische Unterschiede. Genauso verhält es sich mit physikalischen und mentalen Beschreibungen.

Die Identitätstheorie löst damit das Problem der Wirkung des Mentalen auf das Physische. Gleiche Gedanken gehen mit gleichen körperlichen Vorgängen einher. Jeder mentale Zustand ist auf diese Weise identisch mit einem physischen Zustand. Das Erlebnis von Schmerzen ist identisch mit einem Nervenreiz, also einem neuronalen Zustand. Wenn ein bestimmter Nerv gereizt wird, entsteht ein bestimmtes Gefühl. Aber der Schmerz ist nicht die Wirkung der Nervenreizung, sondern beides ist dasselbe. Damit entfällt das Problem der gegenseitigen Beziehung, das vor allem ein Problem der Kausalität ist.

Doch es taucht ein neues Problem auf. Wenn nämlich grundsätzlich Gehirnaktivitäten mit Gefühlen und anderen mentalen Akten identisch sind, dann stellt sich die Frage, welcher Gehirnzustand ist mit welchem geistigen Zustand identisch? Wenn der Nerv X gereizt wird, dann entsteht Freude, wenn der Nerv Y gereizt wird, dann empfinden Sie das als Schmerz. Die Philosophie scheint in der Neurophysiologie aufzugehen. Doch es ist gerade die Neurophysiologie, die zeigt, dass es so einfach nicht geht. Das Gehirn ist viel komplizierter als das mechanische Modell der Identitätstheorie. Verschiedene Areale im Neuronennetz des Gehirns können nämlich die gleichen mentalen Zustände verursachen. Man spricht hier vom Problem der multiplen Realisierung. Es gibt keine simple Zuordnung. Darüber hinaus wurde darauf verwiesen, dass auch Tiere Schmerzen haben können, dass sie aber zweifellos über andere Nerven verfügen als Menschen. Daraus folgt, dass ein und dasselbe mentale Ereignis neuronal verschieden realisiert sein kann. Bei dem einen löst der Reiz des Nervs X Schmerzen aus, bei anderen der Reiz des Nervs Y. Von der Identitätstheorie bleibt nur die Absicht übrig.

Die Antwort auf dieses Problem ist der Funktionalismus, den man als eine modifizierte Identitätstheorie verstehen kann. Ihre Hauptvertreter sind die amerikanischen Philosophen Hilary Putnam (geb. 1926) und Jerry Fodor (geb. 1935). Hier wird zugestanden, dass mentale Ereignisse auf verschiedene Art und Weise realisiert werden können. Darauf kommt es aber gar nicht mehr an, sondern nur auf die Funktion.

Der Funktionalismus orientiert sich an der Informatik. Der Geist funktioniert in diesem Verständnis wie ein Computer. Oder anders gesagt: Geist und Körper verhalten sich zueinander wie Software und Hardware. Mentale Zustände haben eine bestimmte kausale Rolle in einem System. Ein Schmerz ist demnach kein inneres Empfinden, sondern Schmerzen registrieren eine den Organismus schädigende Wirkung von außen, mit der Folge, dass man zum Beispiel die Hand von der Herdplatte nimmt.

Entsprechend seiner kybernetischen Auffassung des Geistes orientiert sich der Funktionalismus an den Kategorien von Input und Output. Der mentale Zustand liegt an der Schnittstelle zwischen einem sensorischen Input und einem Output in Form eines bestimmten Verhaltens. Er wird zu einer Verrechnungseinheit von Reizen und Reaktionen. Der Geist ist letztlich nichts anderes als ein außerordentlich komplexer Automat, der Informationen verarbeitet. Die Trennung zwischen Geist und Computer ist nur noch eine graduelle. Im Grunde ist der Geist nur ein besonders gut entwickelter Computer.

Konsequenterweise stellt der Funktionalismus die Frage, ab wann man einem Computer Bewusstsein zusprechen muss, und er begeistert sich für die Forschungen zur künstlichen Intelligenz. Auch Computer oder Roboter könnten zum Beispiel den funktionalistischen Schmerzbegriff erfüllen, indem sie vor einer Hitzequelle, die ihre Hülle schädigt, zurückzucken. Die Besonderheit des Geistes verschwindet, wenn es uns gelingen wird, Maschinen zu bauen, die die gleichen mentalen Leistungen erbringen können. Und woran können wir erkennen, dass der Computer die gleiche Leistungsfähigkeit erreicht hat?

Um dies zu beurteilen wurde auf die sogenannte Turing-Maschine zurückgegriffen, benannt nach dem Mathematiker Alan Turing (1912-1954). Der entsprechende Turing-Test sieht so aus, dass eine Versuchsperson über eine Tastatur einem Gesprächspartner, den sie nicht sieht, Fragen stellt, und aufgrund von dessen Antworten entscheiden soll, ob es sich dabei um einen Menschen oder einen Computer handelt. Wenn die Versuchsperson nach intensiver Befragung nicht entscheiden kann, ob es nun ein Mensch oder ein Computer war, oder wenn die Versuchspersonen in mehr als 50 Prozent der Fälle den Computer als Menschen identifizieren, dann darf man behaupten, der Computer denkt.

Das klingt verführerisch. Wenn das Ergebnis aus der Beantwortung durch einen Menschen und einen Computer als gleichwertig beurteilt wird, dann wird unterstellt, sie seien das Gleiche. Der Computer arbeitet wie der menschliche Geist, weil der menschliche Geist wie ein Computer arbeitet. Doch was tut der Computer in diesem Beispiel eigentlich? Benimmt er sich wie ein Mensch? Schon allein die Frage beinhaltet die Antwort. Der Computer simuliert menschliche

Denkprozesse, er denkt aber nicht. Der Computer beantwortet Fragen, indem er rein syntaktische Symbole verarbeitet, er verfügt über Algorithmen, bei denen die Häufigkeiten bestimmter Antworten auf bestimmte Fragen berücksichtigt sind, und bei denen ein ungeheures Faktenwissen zur Verfügung steht. Die Leistung des Computers besteht in seiner Geschwindigkeit, mit der er Millionen von Rechenprozessen in Sekunden vollziehen kann. Aber „denkt" der Computer?

Zur Veranschaulichung der Problematik dient das Gedankenexperiment vom Chinesischen Zimmer, das der amerikanische Philosoph John Searle sich ausgedacht hat. Stellen Sie sich einen Menschen vor, der in einem geschlossenen Raum ohne Fenster sitzt. Durch einen Schlitz in der Wand erhält dieser Mensch chinesische Schriftzeichen gereicht. Er kann aber weder ein Wort Chinesisch, noch versteht er die Bedeutung der Zeichen. Er tut nur eines, er schaut in einer Tabelle nach, welche syntaktischen Regeln gelten, und reicht anschließend ein anderes Schriftzeichen, das sich aus der Tabelle ergibt, nach außen. Dort aber sind Menschen, die das nach außen gereichte Zeichen als Antwort auf die Frage verstehen, die sie vorher nach innen gegeben haben. Die Beobachter außerhalb des Zimmers haben den Eindruck, sie würden mit dem Insassen auf Chinesisch kommunizieren. Die Person im Inneren hat aber in Wahrheit keine Ahnung von dem, was sie eigentlich tut.

Genauso wenig wie der Insasse des chinesischen Zimmers chinesisch versteht, genauso wenig denkt ein Computer. Nach der Theorie des Funktionalismus müssten Sie eindeutig zugestehen, dass das chinesische Zimmer, sinnvolle mentale Akte ausführt und deshalb als geistiges Wesen zu verstehen ist. In Wahrheit wird ein Programm mit Optionen und Reaktionen abgespielt. Wollen wir das wirklich als Antwort auf die alte Frage nach dem Wesen des Geistes akzeptieren? Es gibt heute nur wenige Philosophen, die die Antwort des Funktionalismus wirklich als befriedigend empfinden.

6.5. Anomaler Monismus

Eine andere, bis heute kontrovers diskutierte Antwort auf die Probleme der Identitätstheorie ist der anomale Monismus des amerikanischen Philosophen Donald Davidson (1917-2003). Davidson vertritt zwar ebenfalls die Theorie, dass die Welt insgesamt materiell ist und es keine unabhängigen geistigen Entitäten gibt. Für jedes mentale Ereignis muss es daher ein ihm zugrunde liegendes körperliches Ereignis geben. Er verneint aber, dass dies mit generellen Gesetzmäßigkeiten zu beschreiben ist. Davidson bezweifelt also nicht, dass mentale Ereignisse auf physischen Ereignissen beruhen, er bestreitet aber, dass es eine einfache Koppelung gibt, mit der die Ereignisse auf beiden Ebenen identifiziert werden könnten.

Davidson beschreibt seine Theorie erstmals in seinem berühmten Aufsatz „Geistige Ereignisse“. Er stellt dort drei Thesen auf, die alle drei gelten sollen, sich auf den ersten Blick aber nicht miteinander vereinbaren lassen: 1) Geistige Ereignisse stehen in kausaler Wechselwirkung mit physischen Ereignissen, sie können einander gegenseitig verursachen. 2) Wo es Kausalität gibt, muss es auch Gesetze geben, denn Ereignisse, die einander verursachen, unterliegen strikten deterministischen Gesetzen. 3) Es gibt keine strikten deterministischen Gesetze auf deren Grundlage geistige Ereignisse erklärt werden können. Wie Sie es auch drehen und wenden, die gleichzeitige Annahme von zwei der Thesen schließt die jeweils dritte aus, ganz egal welche zwei Sie als gültig anerkennen wollen. Doch Davidson sagt, dass hier ein Missverständnis vorliegt, und zwar hinsichtlich des Begriffs eines Ereignisses.

Wenn von strikten Gesetzen die Rede ist, dann werden unter Ereignissen Ereignistypen verstanden. Wenn wir zum Beispiel sagen, dass ein Blitz eine elektrische Entladung ist, dann bedeutet dies, dass alle Blitzereignisse als elektrische Entladungen beschrieben werden können. Sie können dies in die Form eines strikten Naturgesetzes bringen und die Identität von Blitz und elektrischer Entladung auch für alle zukünftigen Ereignisse dieser Art vorhersagen. Bei mentalen Ereignissen ist dies nicht so.

Die Beziehung zwischen mentalen und physischen Ereignissen beruht auf einem singulären Ereignisbegriff. Es geht um singuläre Einzelereignisse. Ohne physische Ereignisse kann es zwar keine geistigen geben, doch lässt sich dies nicht in die Form allgemeiner Gesetzmäßigkeiten bringen, so dass aus bestimmten Arten von physischen Ereignissen bestimmte geistige Ereignisse folgen würden. Man kann geistige Ereignisse deshalb nicht mit Sicherheit voraussagen, sondern allenfalls zu Erwartungen mit einer gewissen Wahrscheinlich kommen.

Davidson bezeichnet seine Position als anomalen Monismus, weil er zwar einen Monismus vertritt, und im Gegensatz zu jeder Art von Dualismus darauf beharrt, dass alle Ereignisse physisch sein müssen und es keine unabhängigen geistigen Entitäten geben kann. Sein Monismus ist aber nicht nomologisch, wie der der Materialisten, der strikte Gesetze verlangen, sondern eben anomal, weil geistige Phänomene nicht rein physikalisch erklärbar sind.

Es lässt sich also nicht mit Sicherheit ableiten, dass ein bestimmtes mentales oder psychisches Ereignis auf ganz bestimmte körperliche Ereignisse zurückgeführt werden kann. Eine solche Sicherheit würde aber bestehen, wenn wir von strikten Kausalgesetzen ausgehen. Es ist durchaus vorstellbar, dass es verschiedene physische Reize gibt, die zum gleichen mentalen Ereignis führen. Eine eindeutige Zuordnung ist nicht möglich. Allenfalls gibt es gewisse Erfahrungswerte.

Bei mentalen und physischen Ereignissen handelt es sich um zwei verschiedene Beschreibungsebenen, die ihren jeweils eigenen Regeln folgen und nicht aufeinander rückführbar sind. Geistige Begriffe, die beschreiben, dass jemand etwas empfindet, etwas will oder etwas schätzt, dass er sich vor etwas fürchtet, sich an etwas erinnert oder von etwas aufgeschreckt wird, behalten ihre Eigenständigkeit und können nicht durch gleichbedeutende Beschreibungen neuronaler Vorgänge ersetzt werden.

Sie können auch nicht mit Sicherheit voraussagen, dass jemand mit bestimmten mentalen Akten auf eine Situation reagieren wird, auch wenn Sie aufgrund von Erfahrungswerten mit einer gewissen Wahrscheinlichkeit damit rechnen können. Wenn Sie jemandem zum Beispiel ein Geschenk machen, mag es zwar ziemlich sicher sein, dass er sich in bestimmter Weise freuen wird, es besteht jedoch keine Garantie. Auf diese Weise bleibt ein Spielraum für das Unerwartete und das Unberechenbare, allerdings nur auf der Beschreibungsebene des Geistigen. Denn es bleibt immer unbestritten, dass auf der physischen Ebene eine Verursachung durch physische Ereignisse vorliegt.

Die Eigenständigkeit der geistigen Sphäre drückt sich auch in ihrem Holismus aus. Das bedeutet, dass alle mentalen Zustände und Ereignisse einen Gesamtzusammenhang bilden, aus dem einzelne Akte nicht zu isolieren sind. Alle Wünsche, Einstellungen, Erinnerungen und Meinungen eines Individuums stehen in untrennbarem Zusammenhang miteinander und lassen keine direkte Spiegelung auf einer neuronalen Ebene zu. Aus eben dieser Vernetzung des Mentalen ergibt sich aber ein Verhalten, das dann auch nur mit geistigen Begriffen angemessen zu beschreiben ist. Hier öffnet sich die Möglichkeit, so etwas wie eine Freiheit des Willens mit einer materialistischen Weltbeschreibung zu vereinbaren.

6.6. Die Freiheit des Willens

Wie man es dreht und wendet, die Frage nach Geist und Bewusstsein führt immer wieder auf die Frage nach der Freiheit zurück, genauer auf die Frage nach der Freiheit des menschlichen Willens. Das Thema der Willensfreiheit ist ein zentrales Thema der Philosophie, das in den folgenden Kapiteln zur Praktischen Philosophie noch eine große Rolle spielen wird. Das Thema Willensfreiheit könnte auch im Rahmen der Metaphysik oder in der Ethik behandelt werden, vielleicht sollte man sogar eine eigene Disziplin der Philosophie der Freiheit einführen. Doch die Philosophie des Geistes, die an der Schnittstelle zwischen theoretischer und praktischer Philosophie liegt, führt auf jeden Fall zum Problem der Willensfreiheit und hat darin ihren eigentlichen Ursprung.

Freiheit ist zunächst ein schillernder Begriff und Freiheit kann in vielerlei Weise verstanden werden. Es gibt die Freiheit, seine Meinung sagen zu dürfen, seine Religion auszuüben oder dahin reisen zu können, wohin Sie möchten. Man kann dies als politische Freiheit bezeichnen, die durch die Gesetze eines Staates gewährleistet oder beschränkt werden kann.

Wenn Sie einen Schritt weiter gehen, gelangen Sie zur Freiheit, das zu tun und zu lassen, was Sie wollen. Hier stoßen Sie auf eine andere Grenze, nämlich auf die Freiheit des Anderen. Sie möchten vielleicht gerne laut Musik hören, weil Sie das anregt und glücklich macht. Ihr Nachbar möchte dagegen gerne in der Stille meditieren, weil das ihn glücklich macht. Beides zusammen geht aber nicht. Ihre Freiheit, so schnell wie möglich mit dem Auto zu fahren, oder in jedem See baden zu können, wird immer wieder auf andere Menschen stoßen, die sich dadurch gestört oder angegriffen fühlen. Ihre Freiheit endet da, wo die Freiheit des anderen beginnt. Da dies in der Praxis leicht zu Konflikten führen kann, wird die Freiheit durch Gesetze und Vorschriften beschnitten, damit für alle möglichst viel Freiheit übrig bleibt. Zumindest in der Theorie.

Das ist aber immer noch eine Auffassung von Freiheit, die sich auf äußere Handlungen bezieht. Sie wollen etwas und Sie können es tun, oder dürfen es unter bestimmten Umständen nicht tun, zum Beispiel nachts um zwei Uhr die Musikanlage aufdrehen, oder mit Tempo 100 durch die Innenstadt fahren. Es geht hier um die Handlung, die man will.

Philosophisch interessanter wird es beim Motiv des Handelns, bei der Frage, wie frei Sie beim Wollen einer Handlung sind. Nehmen Sie an, Sie werden erpresst. Jemand verlangt von Ihnen, Sie sollen aus dem Tresor Ihres Chefs dessen wertvolle Münzsammlung stehlen, weil sonst Ihrem Kind ein Unfall passieren wird. Sie werden zu der Handlung gezwungen. Sie tun etwas, das Sie freiwillig nicht tun würden. Sie sind also nicht wirklich frei. Aber Sie müssen gar nicht zu kriminellen Erpressungen greifen, es gibt auch viel subtilere Zwänge, etwa wenn einem Jugendlichen gesagt wird, er dürfe nur dann zu einer Party, wenn er vorher sein Zimmer aufräumt. Auch in diesem Fall tut jemand etwas, das er freiwillig nicht tun würde.

Sie geraten hier aber in einen Bereich, wo es langsam schwierig wird, sich klar zu machen, was man eigentlich will. Nehmen Sie nochmals den Jugendlichen von eben. Er möchte eigentlich nicht Mathematik lernen, er würde hundert Dinge lieber machen, aber andererseits will er sein Abitur bestehen, um Literatur zu studieren. Das ist auch eine Art von Zwang, aber ein selbstgesetzter Zwang. Es geht nicht mehr um die Grenzen, die Ihnen ein anderer setzt, es geht darum, dass Sie selbst sich eine Grenze setzen können. Denken Sie an den Sportler, der sich quält, damit er fit für die Meisterschaft wird, und dafür sogar auf jede Party verzichtet.

Neben der Freiheit, tun zu können, was Sie wollen, steht jetzt die Freiheit, eben das nicht zu tun, was Sie wollen. Was wollen Sie dann eigentlich? Sie wollen zum Beispiel jetzt gerne Schokoladenkuchen essen, Sie haben große Lust auf diesen Kuchen, aber Sie wollen auch fünf Kilo abnehmen, damit Sie im Urlaub eine attraktive Figur haben. Sie können jetzt sagen, das eine wollen Sie mehr als das andere, deshalb verzichten Sie auf den Kuchen, damit Sie schlank werden. Das ist einerseits trivial, denn jeder kennt solche Abwägungen aus dem Alltag, das führt aber anderseits genau zur Frage der Freiheit des Willens.

Was geschieht, wenn Sie etwas wollen? Warum wollen Sie zum Beispiel gerne den Kuchen essen? Vielleicht weil Sie im Augenblick hungrig sind und weil Sie aus Erfahrung wissen, dass der Kuchen sehr gut schmeckt. Hier findet ein Zusammenspiel zwischen dem optischen Reiz des Kuchens, einem Hungergefühl und einer Gedächtnisleistung statt. Ihr Körper reagiert von ganz allein, Ihnen läuft das Wasser im Mund zusammen und die Erinnerung gaukelt Ihnen den Geschmack des Kuchens vor. Wenn sie jetzt sagen: „Was soll's“ und in den Kuchen beißen, haben Sie sich dann frei entschieden? Oder haben Sie nicht eher das getan, wozu eine Kombination von Reizen Sie gebracht hat?

Wie frei waren Sie in diesem Moment? Wenn Ihnen der Arzt mit dem Hämmerchen auf die Kniescheibe schlägt, dann bewegen Sie ihr Bein. Es ist ein Reflex, auf den Sie keinen Einfluss haben. Wenn Sie nicht mit dem Bein ausschlagen, dann ist dies kein Akt der Freiheit, sondern ein Indiz, dass Ihre Nerven nicht mehr richtig funktionieren. Der Griff nach dem Kuchen liegt auf einer anderen Ebene. Hier gibt es keinen zwanghaften Reflex, sondern Sie können das Stück Kuchen liegen lassen, Sie können es wieder hinlegen, wenn Sie es schon in der Hand haben, Sie können das sogar tun, wenn sie den Kuchen schon in den Mund stecken und abbeißen wollen und Sie können sogar das Stück wieder ausspucken, wenn Sie schon abgebissen haben.

Also handeln Sie eindeutig frei, wenn Sie auf den Kuchen verzichten. Wirklich? Sie lassen den Kuchen liegen, weil Sie fünf Kilo abnehmen wollen. Warum wollen Sie das tun? Weil Sie eine schlanke Figur haben wollen. Warum wollen Sie die haben? An dieser Stelle wird mancher bereits stutzen, da dies für ihn eigentlich selbstverständlich ist. Sie könnten jetzt vielleicht sagen, sie wollen schlanker werden, weil Sie dadurch attraktiver wirken. Und warum wollen Sie attraktiver sein? Vielleicht weil Sie dann leichter eine neue Partnerin bekommen? Die Argumentation führt wieder auf Reize und Hormone zurück. Ihr Sexualtrieb lässt Sie nach einem Partner suchen, und um möglichst gute Chancen auf dem Markt zu haben, wollen Sie möglichst attraktiv aussehen. Handeln Sie wirklich frei? Also völlig frei?

Zugegeben das Beispiel ist etwas plump. Es geht Ihnen natürlich nicht nur um Sex, Sie wollen Gemeinschaft, eine Familie, jemanden, der sich freut wenn Sie nach Hause kommen. Aber warum wollen Sie dann unbedingt, einen attraktiven Partner? Mit Ihren Trieben hat das alles gar nichts zu tun? Sie können natürlich glauben was sie wollen. Aber mal angenommen, Sie stimmen zu. Und jetzt sagen Sie, ich folge meinem Trieb zur Fortpflanzung nicht, ich folge auch meinem Trieb nach süßem Kuchen nicht, ich folge überhaupt keinem Trieb. Ich handle absolut frei, indem ich immer das nicht tue, wozu irgendein Trieb oder irgendeine Lust mich treibt. Sind Sie jetzt frei? Wirklich? Mal abgesehen davon, dass es ein ziemlich schizophrener Freiheitsbegriff wäre, immer genau das zu tun, was man nicht will, befinden Sie sich schon wieder in einem Automatismus.

Wir haben uns jetzt scheinbar ziemlich weit von der Ausgangsfrage entfernt. Doch in Wirklichkeit haben wir nur ihre Konsequenzen ausgelotet. Wenn es eine Freiheit des Willens gibt, dann darf eine Handlung nicht durch physische Gründe verursacht sein, weder durch Triebe, Reize oder Reflexe, noch durch Hormone, unbewusst verinnerlichte Ängste oder Komplexe, noch durch Belohnung oder Bestrafung. In jedem dieser Fälle würde die angebliche Freiheit sich als Illusion erweisen, da Sie nur durch physiologische Vorgänge Ihres Körpers und seine Reaktion auf die Außenwelt zu einer Handlung gebracht worden wären.

Der Gegenbegriff zur Willensfreiheit ist der Determinismus, eine Theorie, die behauptet, dass alle Ereignisse und damit auch alle Handlungen in der Welt durch kausale Ursachen determiniert und vorherbestimmt sind. Willensfreiheit würde damit zu einer bloßen Illusion, was zu der Konsequenz führen würde, dass niemand für die Folgen seines Handelns verantwortlich wäre, da er sich sowieso nicht anders hätte verhalten können.

Ende der siebziger Jahre führte der Neurophysiologe Benjamin Libet (1916-2007) zum ersten Mal das nach ihm benannte Libet-Experiment durch. Damit wollte er den Zeitraum zwischen dem Entschluss zu einer Handlung und ihrer Durchführung messen. Ohne jetzt auf die Einzelheiten der Messtechniken einzugehen, besteht die Quintessenz des Experiments darin, den Zeitpunkt zum Entschluss einer Handlung, zum Beispiel dem Heben eines Arms, und ebenso der Zeitpunkt, an dem die motorische Muskelaktivierung beginnt, zu bestimmen. Es wurde erwartet, dass der Zeitpunkt des Entschlusses vor dem Beginn jeglicher Aktivität liegen würde, das Ergebnis zeigte aber genau das Gegenteil: Die Bewegung war bereits eingeleitet, wenn die Probanden sich erst dazu entschlossen.

Der Körper oder, wenn Ihnen das lieber ist, das Gehirn agiert offensichtlich selbständig und gaukelt dem Bewusstsein nur eine frei gewählte Handlung vor. Wir tun nicht, was wir wollen, sondern wir wollen, was wir tun. So lässt sich das Ergebnis des Experiments zusammenfassen. Ist damit also die Freiheit des Willens widerlegt? Unabhängig davon, dass die Versuchssituation von manchen Seiten als zu künstlich kritisiert wurde, muss bezweifelt werden, ob Willensfreiheit sich überhaupt experimentell als Ereignis der Natur beweisen lässt. Denn im Grunde wiederholt das Libet-Experiment nur eine These, die schon lange bekannt ist, und die selbst Immanuel Kant, in dessen Theorie die Freiheit des Willens eine ganz zentrale Rolle einnimmt, nicht bestreitet.

Wahrscheinlich hat niemand sich mit dem Freiheitsbegriff in allen seinen Konsequenzen intensiver und gründlicher auseinandergesetzt als eben Kant. Für ihn ist die Freiheit eine Idee, ein Grenz- und Orientierungsbegriff der Vernunft, der niemals ein Gegenstand empirischer Beobachtung werden kann. Da die Kausalität als Kategorie ein Denkgesetz ist, das alle Erfahrung strukturiert, kann niemals ein Ereignis auftreten, das keine Ursache hätte. In theoretischer oder wissenschaftlicher Betrachtungsweise werden wir immer Ursachen finden, da wir gar nicht anders denken können. Ein Ereignis ohne kausale Ursache kann in unserer Erfahrungswelt nicht vorkommen.

Die Freiheit des Willens ist aber in letzter Konsequenz genau dies: Sie muss eine autonome Entscheidung sein, die von keiner Ursache bedingt ist. Können wir also zwar niemals ein Ereignis der Freiheit beobachten, so können wir sie jedoch ebenso wenig für unmöglich erklären, sagt Kant. Wie das? Das liegt daran, dass unsere Erfahrung es immer mit Erscheinungen zu tun hat. Alle Objekte und Ereignisse, die in unserer Erfahrung auftauchen können, sind durch unsere Erkenntnisbedingungen geprägt. Hinter diese Grenze können wir nicht zurück.

Wir können auch nicht das Problem des infiniten Regresses auflösen, in den die Naturkausalität uns führt. Ob es jemals ein Ende der Ursachenkette gibt, ob vielleicht menschliche Handlungen neue Ursachenketten in Gang setzen können, ob vielleicht sogar die Vorstellung von Ursachenketten unangemessen zur Beschreibung der

Willensfreiheit ist, das liegt außerhalb unserer möglichen Erkenntnis. Deshalb kann die theoretische Philosophie niemals irgendwo eine wirklich Freiheit des Willens entdecken, sie kann aber auch nicht ihre Unmöglichkeit beweisen. Weiter können wir nach Kant auf theoretischem Wege nicht kommen, wohl aber in der Praktischen Philosophie, nämlich in der Ethik. Freiheit kann es in der Welt des Seins nicht geben, sie ist aber eine Voraussetzung der Welt des Sollens.

Das Problem der Willensfreiheit führt damit zu einer Beschreibung auf zwei verschiedenen Ebenen. Auf der theoretischen Ebene suchen wir zu jeder Handlung nach Ursachen und Motiven und wir versuchen zu erklären, wie es zu dieser Handlung kommen konnte. Auf der praktischen Ebene behandeln wir die gleiche Handlung als eine frei gewählte, die auch anders hätte ausfallen können, und wir machen den Handelnden dafür verantwortlich. Wenn Sie jetzt fragen, welche Beschreibung denn die richtige ist, dann ist die Frage falsch gestellt, denn beide Beschreibungen sind richtig, aber jeweils in ihrem Kontext.

7. Ethik: Was soll ich tun?

7.1. Grundbegriffe philosophischer Ethik

Mit der Ethik betreten Sie den Bereich des Sollens. Geht es in der Theoretischen Philosophie darum, das Wahre zu erkennen, die Welt so wie sie wirklich ist, so fragt die Praktische Philosophie danach, was sein soll. In der Ethik geht es um das Richtige. Und dieses Richtige ist das Gute. Das Gute kann nicht nur für Sie oder für mich gut sein, es muss für uns alle das Gute sein. Auch bei den Sätzen der Moral gilt also, dass sie allgemeingültig sein müssen. Wir fällen im Alltag ständig moralische Urteile, wir verlangen, dass etwas getan werden soll oder beklagen, dass etwas anderes ungerecht ist. Die Moral ist etwas, das uns ständig umgibt.

Die Begriffe Ethik und Moral werden häufig synonym verwendet. Ethik stammt vom griechischen *ethos*, was ursprünglich Sitte, Gewohnheit oder Brauch bedeutet, was aber auch den Charakter oder die Denkweise eines Menschen bezeichnen konnte. Einen ganz ähnlichen Ursprung hat „Moral", das vom lateinischen *mos* (Plural *mores*) abgeleitet ist, und ebenfalls die Bedeutung von Sitte, Gewohnheit und Brauch hat, was auf Charakter und Gesinnung übertragen wurde.

Sind Moral und Ethik also das gleiche? Terminologisch bezeichnet Moral das Normensystem von Menschen mit einem Anspruch auf objektive Gültigkeit. Wer moralisch handelt, der handelt sittlich gut. Die Ethik ist die Wissenschaft von der Moral. Diese terminologische Trennung hat sich aber in der Alltagssprache niemals wirklich durchgesetzt, sondern ist eher eine philosophische Abgrenzung.

Die Ethik untersucht also das moralische Handeln von Menschen und ihre Normensysteme. Dies kann einmal rein empirisch geschehen, indem einfach beschrieben wird, wie Menschen handeln und welche Normen sie vertreten. Dies kann aber auch mit dem Ziel geschehen, die richtigen Normen zu finden. Dementsprechend unterscheidet man die deskriptive von der normativen Ethik. Die deskriptive Ethik fragt danach, welche Moralsysteme es gibt, und beschreibt sie. Die normative Ethik sucht das moralisch Gebotene und fragt danach, wie es zu begründen ist. Wenn jemand nur von Ethik spricht, so meint er in aller Regel die normative Ethik. Als dritte Variante kommt noch die Metaethik hinzu. Hier werden nicht moralische Normen behandelt, sondern hier werden die ethischen Begriffe und Argumentationen selbst zum Thema. Die Metaethik fragt zum Beispiel danach, was Begriffe wie „gut" überhaupt bedeuten.

Eine weitere Unterteilung betrifft den Gegenstandsbereich der Ethik. Die Ethik im engeren Sinne ist die Allgemeine Ethik. Sie klärt die Grundlagen der Moral und untersucht moralische Normen. Als Angewandte Ethik bezeichnet man die Untersuchung ethischer Fragen auf abgegrenzten Gebieten.

Das wichtigste und umstrittenste Gebiet der Angewandten Ethik ist die medizinische Ethik. Die Möglichkeiten der modernen Medizin stellen uns heute oft vor Entscheidungen, die in früheren Zeiten weder nötig noch möglich waren. Denken Sie zum Beispiel an die Möglichkeiten der Lebensverlängerung und die daraus entstehenden Konflikte. Die Grenze zwischen Leben und Tod hat sich deutlich verschoben. Wir können heute jemanden am Leben halten, der ohne unterstützende Apparate längst tot wäre. Wann darf und wann soll eine solche Maschine abgeschaltet werden? Und wann wäre außer einer solchen passiven auch eine aktive Sterbehilfe gerechtfertigt oder vielleicht sogar geboten? Gerade in Deutschland führten solche Diskussionen wegen der Euthanasie-Politik der Nationalsozialisten meist schnell zu einer sehr emotionalen Auseinandersetzung. Nicht weniger umstritten ist die Grenze am Beginn der Menschwerdung. Ab wie vielen Monaten sollen Frühgeburten am Leben gehalten werden? Bis wann und unter welchen Bedingungen sollen Abtreibungen erlaubt sein?

Ein weiteres großes Feld ist die Umweltethik oder ökologische Ethik. Hier geht es um den Umgang mit der Natur, wobei bei den meisten Philosophen die moralische Begründung aus der Perspektive des Menschen erfolgt, wenn es auch weniger der Einzelne ist, als die

Menschheit als Ganzes. Wie weit sind wir verpflichtet, Ressourcen zu schonen, um späteren Generationen etwas übrig zu lassen? Danach fragt zum Beispiel Hans Jonas (1903-1993) in seinem Buch „Das Prinzip Verantwortung", wobei es hier bei der Berücksichtigung zukünftiger Generationen vor allem darum geht, den Menschen der Zukunft die Entscheidungsfreiheit über ihre Lebensumstände zu überlassen und sie nicht vor vollendete Tatsachen zu stellen.

Deskriptive Ethik

Die deskriptive Ethik beschreibt moralische Normensysteme, ohne irgendwelche Wertungen vorzunehmen oder selbst normative Aussagen zu formulieren. Ihr bevorzugtes Forschungsgebiet sind Moralsysteme zu verschiedenen Zeiten oder bei fremden Kulturen und Gesellschaften. Die deskriptive Ethik hat offene Grenzen zur Ethnologie, aber auch zur Soziologie und zur Psychologie. Deshalb ist auch umstritten, inwieweit deskriptive Ethik überhaupt zur Philosophie gehört. Doch die Frage, wo die Grenze der Philosophie verläuft, ist so alt wie die Philosophie selbst.

Ein Beispiel für eine ethnologische Herangehensweise bietet der Strukturalist Claude Lévi-Strauss (1908-2009), der die Normensysteme sogenannter primitiver Gesellschaften untersuchte. Sein Ausgangspunkt war die Analyse von Verwandtschaftssystemen. Er fand bei allen Kulturen Regeln, Verbote und Gebote, Rechte und Pflichten für die Verbindung von Mann und Frau, auch wenn diese sich teilweise inhaltlich stark unterscheiden. Bei aller Verschiedenheit der Formen und Ausgestaltungen von Ehe gibt es gemeinsame Strukturen.

Große Beachtung fand der Psychologe und Erziehungswissenschaftler Lawrence Kohlberg (1927-1987) mit seiner Theorie zur Entwicklung des moralischen Bewusstseins bei Kindern und Jugendlichen. Anhand empirischer Untersuchungen und Interviews entwarf er ein Stufenmodell. Auf der ersten Stufe des kindlichen Stadiums geht es allein um die Vermeidung von Strafen, von moralischer Überlegung kann hier noch keine Rede sein. Kinder halten sich an

Regeln, weil sie fürchten, sonst bestraft zu werden. Auf der zweiten Stufe kommt die Befriedigung der eigenen Bedürfnisse hinzu. Hier werden auch die Interessen anderer berücksichtigt, aber einzig und allein unter dem Gesichtspunkt, durch Abmachungen Vorteile für sich selbst zu erreichen.

Erst auf der dritten Stufe kommen moralische Gesichtspunkte ins Spiel. Jugendliche orientieren sich jetzt an den Erwartungen anderer und erfahren ihre Bestätigung durch die Zustimmung und Anerkennung anderer Menschen. Man orientiert sich an dem, was allgemein für gut und richtig befunden wird und berücksichtigt hier erstmals die Motive und guten Absichten von Handelnden. Ebenfalls sehr stark an gesellschaftlichen Konventionen ist die vierte Stufe der Entwicklung ausgerichtet. Hier wird ein gewisses Abstraktionsniveau erreicht, indem man sich jetzt an Gesetz und Ordnung orientiert. Diese Normen werden aber als gegeben hingenommen und nicht hinterfragt. Nach Kohlberg gelangen die meisten Menschen über diese vierte Stufe nicht hinaus und erreichen das Niveau selbständiger ethischer Überlegung gar nicht.

Auf der fünften Stufe wird man fähig, gesellschaftliche Normen und Konventionen unter dem Gesichtspunkt des Nutzens für Individuen zu hinterfragen und auf ihre Verbesserung hinzuarbeiten. Menschen werden auch fähig ihre eigenen Standpunkte und Interessen zu relativieren und zurückzustellen. Auf der sechsten Stufe, die nur von wenigen Individuen erreicht wird, orientieren Menschen sich an universellen ethischen Prinzipien, wie dem kategorischen Imperativ, und an bewussten Einsichten. Regeln werden nicht mehr befolgt, weil sie bestehen, sondern weil man ihren Sinn und ihre Gültigkeit einsieht.

Inwieweit Ergebnisse einer deskriptiven Ethik Einfluss auf Normsetzungen haben dürfen, ist umstritten. Im Allgemeinen neigen die meisten Philosophen dazu, die normative Ethik als unabhängig von Theorien über Gesellschaften oder die biologische Entwicklung des Menschen zu betrachten. Regeln des Sollens sind von Aussagen über das Sein grundsätzlich unabhängig.

Metaethik

Bevor ich Ihnen die gängigsten Theorien zur normativen Ethik vorstelle, möchte ich Ihren Blick auf die Metaethik lenken. Diese Disziplin ist relativ jung, sie entstand zu Beginn des 20. Jahrhunderts in Gefolge der sprachanalytischen Philosophie. Das erklärt auch, warum die Metaethik vornehmlich im angelsächsischen Raum beheimatet ist. Die Metaethik vertritt kein bestimmtes Normensystem, sondern sie fragt nach der Bedeutung ethischer Begriffe.

Die Philosophie tritt hier von der Beurteilung normativer Probleme einen Schritt zurück und fragt zunächst, welchen grundsätzlichen Status moralische Begriffe überhaupt haben. Bevor Handlungen als gut beurteilt werden, fragt sie was der Begriff „gut" überhaupt bedeutet. Bevor über die Gültigkeit von Normen diskutiert wird, fragt sie, ob es überhaupt so etwas wie eine moralische Wahrheit geben kann. Hier wird also das begriffliche Instrumentarium der Ethik selbst zum Thema.

Als Begründer der Metaethik gilt der englische Moralphilosoph George Edward Moore (1873–1958), der in seinem Hauptwerk „Principia Ethica" die Untersuchung mit einer Bedeutungsanalyse des Begriffs "gut" beginnt. Moore analysiert alle Verwendungsweisen von „gut" und kommt zu dem Ergebnis, dass „gut" überhaupt nicht definierbar ist, da sein Verständnis immer schon vorausgesetzt wird.

Ein metaethisches Thema ist auch die oben angedeutete Frage, inwieweit Forschungsergebnisse über soziale Gesetzmäßigkeiten oder über die Entwicklung des menschlichen Bewusstseins Einfluss auf normative Theorien haben. Nehmen Sie an, Sie stellen fest, dass Menschen in der Regel Angehörige der eigenen Familie oder des eigenen Stammes freundlicher behandeln als Fremde. Sie geben ihnen eher etwas ab und unterstützen sie, wenn sie Hilfe brauchen. Wenn Sie hieraus die moralische Norm ableiten, man solle im Zweifelsfall seine eigenen Leute vor Fremden bevorzugen, dann entwerfen Sie eine Norm auf der Grundlage eines beobachteten Verhaltens.

Man nennt so etwas seit David Hume einen Sein-Sollens-Fehlschluss oder einen naturalistischen Fehlschluss. Man darf nicht vom

Sein aufs Sollen schließen. Oder anders gesagt: Aus Tatsachen folgen keine Normen. Ein typisches Beispiel für einen solchen Fehlschluss ist die bequeme Feststellung: „Das haben wir schon immer so gemacht, also ist es gut so", oder auch: „Alle machen es so, also machen auch wir es."

Es mag viele Situationen geben, in denen solche Regeln sinnvoll sind. Zum Beispiel bei der Frage, wann Sie im Garten Ihre Tomaten pflanzen sollen, oder ob Sie bei einem Ausflug besser einen Regenschirm mitnehmen. Aber in diesen Beispielen handelt es sich nicht um moralische Fragen. Die Frage, ob Sie ein Kind vor dem Ertrinken retten sollen, gehört in eine andere Kategorie als die Frage, ob Sie bei einem Termin besser eine Krawatte umbinden sollten.

Moralische Normen gelten für alle Menschen, sie müssen ihrem eigenen Anspruch nach also universalisierbar sein. Deshalb können Sie auch eine Begründung verlangen. Gerade auf der Begründungsebene entscheidet es sich, ob eine Ethik den Anforderungen der Philosophie gerecht wird. Eine Ethik, die sich der argumentativen Befragung entzieht, kann ihren Anspruch auf Allgemeingültigkeit nicht erfüllen, sie kann ihn allenfalls behaupten. Und damit befinden wir uns im Bereich des Glaubens. Wahrscheinlich denken Sie hier zuerst an religiöse Begründungen, wo Normen und Regeln den Status von Offenbarungen eines transzendenten Gottes haben. Gerät der Glaube ins Wanken, verliert auch die Ethik ihren Sinn. Wenn es keinen Gott gibt, dann ist alles erlaubt.

Doch auch eine Ethik, die auf Gefühle verweist, statt auf die Vernunft, fällt in diese Kategorie. Im 18. Jahrhundert entstand in England eine ethische Schule, die sich auf ein moralisches Gefühl (*moral sense*) berief. Es wurde unterstellt, dass Menschen so etwas wie eine natürliche Neigung zu moralischem Handeln hätten. Eine ähnliche Position nehmen Philosophen ein, die das Mitleid zum Ausgangspunkt der Moral erklären, wie etwa Jean Jacques Rousseau oder Arthur Schopenhauer. Zunächst liegt hier wieder ein Fehlschluss von menschlichen Eigenschaften auf deren normative Geltung vor. Zum anderen gilt auch hier, dass die gesamte Ethik fällt, sofern diese Grundlage ins Wanken gerät.

In jüngerer Zeit war es die evolutionäre Ethik, die eine solche Haltung einnahm. Die Moral entstand demnach aus altruistischen Gefühlen im Laufe der menschlichen Evolution und trug zum Erfolg der menschlichen Gemeinschaft bei. Die evolutionäre Ethik ist aber gar nicht wirklich normativ, da hier ebenfalls ein klassischer Sein-Sollens-Fehlschluss vorliegt. Weder können angeborene oder erworbene Verhaltensweisen die Moral begründen, noch wäre sie widerlegt, wenn sich die Theorie als fehlerhaft erweisen sollte.

Alle wichtigen philosophischen Ethiktheorien berufen sich auf Rationalität und begründen ihre Aussagen und Normen mit Argumenten. In der Metaethik bezeichnet man eine solche Position als kognitivistisch. Bei der Unterscheidung des Kognitivismus vom Nonkognitivismus geht um die Frage, ob moralische Aussagen objektive Gültigkeit haben können, das heißt, ob sie in irgendeiner Weise einen wahrheitsähnlichen Status besitzen können. Nehmen Sie als Beispiel die Aussage: „Es ist gut, anderen Menschen zu helfen". Der Kognitivismus geht davon aus, dass solche Sätze begründbar sind und dass sie dann für alle Menschen Gültigkeit haben. Ethik hat es in diesem Fall mit rationalen und vernünftigen Zusammenhängen zu tun. Moralische Normen können erkannt, eingesehen und begründet werden.

Der Nonkognitivist bestreitet dies. Er lehnt aber damit nicht zwangsläufig die Möglichkeit von Moral ab, sondern nur die Möglichkeit mit rationalen Argumenten über Moral zu streiten. Die häufigste Spielart des Nonkognitivismus ist der sogenannte Emotivismus, für den moralische Sätze eine Billigung oder Missbilligung zum Ausdruck bringen. Behauptet jemand, dass es gut ist, anderen Menschen zu helfen, dann teilt er dadurch mit, dass er eine solche Handlung gut findet. Moralische Sätze haben in diesem Verständnis einen ähnlichen Status wie Geschmacksurteile. Man bringt seine eigenen Einstellungen und Werte zum Ausdruck. Sie können dem zustimmen oder es ablehnen, es hat aber keinen Sinn darüber zu argumentieren.

Moral wird nicht begründet, sondern gepredigt. Der bekannteste Vertreter des Emotivismus war der englische Philosoph Alfred J. Ayer (1910-1989), ein Vertreter des Logischen Empirismus. Für ihn ist es sinnlos zu behaupten, eine moralische Aussage sei falsch. Sie können sie bloß ignorieren oder ihr widersprechen, so wie Sie ein Geschmacksurteil ignorieren oder ihm widersprechen können.

7.2. Normative Ethik und Relativismus

Die grundsätzliche Frage der normativen Ethik lauten: Was sollen wir tun? Die Antwort auf diese Frage betrifft alle Menschen. Das ist die wichtigste Voraussetzung normativer Ethik. Es geht darum das allgemein Richtige zu finden. Und allgemeingültig ist es, weil es für alle Menschen gilt.

Bei der Frage: „Soll ich lieber einen Apfelbaum oder ein Kirschbaum in den Garten pflanzen?“ gibt es keine allgemeingültig richtige Antwort. Es gibt Gründe für das eine wie für das andere. Der Apfelbaum braucht weniger Pflege, aber Kirschen schmecken mir besser. Solche Fragen können jemanden stark beschäftigen, aber sie haben nichts mit Moral zu tun. Ganz anders verhält es sich mit der Frage: „Soll ich ein Kind vor dem Ertrinken retten, oder nicht?“ Wenn Sie anfangen hier nach Für und Wider zu fragen, haben Sie ein grundsätzliches Problem. Sie werden auch nicht sagen, eigentlich bin ich schon dafür, Kinder vor dem Ertrinken zu retten, aber im Augenblick passt es mir gar nicht, denn ich habe nachher einen wichtigen Termin, zu dem ich pünktlich erscheinen muss.

Man unterscheidet drei Formen normativer Ethik, die ich Ihnen im Folgenden jeweils am Beispiel eines klassischen Vertreters vorstellen werde. Es sind die Tugendethik, die deontologische und die teleologische Ethik. Auf diese drei Grundmodelle lassen sich alle ethischen Theorien zurückführen. Häufig werden Sie feststellen, dass alle drei Ansätze zum gleichen praktischen Ergebnis führen. Es gibt aber auch Situationen, wo sich ein unterschiedliches Handeln ergibt. Die drei Ansätze unterscheiden sich vor allem in ihrer Argumentation und darin, wo der Schwerpunkt beim moralischen Handeln gesetzt wird.

Wenn sie eine Handlung betrachten, dann können Sie drei Komponenten unterscheiden, erstens den handelnden Menschen mit ganz bestimmten Eigenschaften und Motiven, zweitens die Handlung als solche und drittens die Ergebnisse und Folgen einer Handlung. Bleiben Sie beim Beispiel eines Ertrinkenden. Hier gibt es den Handelnden, der zufällig am See vorbeikommt, und der den Ertrinkenden retten kann, es gibt die Handlung selbst, das Herausziehen des Ertrinkenden, und es gibt die Folgen der Handlung, zum Beispiel eine mögliche Belohnung oder auch die Tatsache, dass der Gerettete ein Verbrechen fortsetzt.

Die Tugendethik setzt beim Handelnden und seiner Motivation an, es kommt ihr darauf an, dass ein Mensch so beschaffen ist, dass es für ihn keine Frage ist, den Ertrinkenden zu retten. Der Tugendethiker wird seinen Schwerpunkt darauf setzen, Menschen so zu erziehen, dass sie das Richtige tun, wenn es darauf ankommt. Für den Deontologen steht die Handlung als solche im Mittelpunkt. Er ist daran interessiert, Gebote und Verbote für Handlungen aufzustellen, wobei diese Gebote für alle Menschen gelten. Er wird fordern, dass Menschen grundsätzlich vor dem Ertrinken gerettet werden sollen, oder allgemeiner, dass es ein allgemeines Gebot ist, Menschenleben zu retten.

Der Teleologe schaut in erster Linie auf die Folgen der Handlung und wird unter Umständen je nach den Ergebnissen abwägen. In den meisten Fällen wird auch eine teleologische Ethik zu dem Schluss kommen, dass der Ertrinkende gerettet werden muss. Es ist aber vorstellbar, dass es anders kommt. Wenn der Ertrinkende zum Beispiel ein Verbrecher ist, der nach seiner Rettung wieder Menschen töten wird, oder auch, wenn der Tod des Ertrinkenden dazu führen würde, dass zwei Kriegsparteien daraufhin Frieden schließen. Eine teleologische Ethik kann also zu dem Ergebnis kommen, dass es insgesamt moralisch besser wäre, einen Menschen zu opfern, während ein

Deontologe verlangen würde, einen Menschen immer zu retten, egal was danach geschehen wird.

Ich sagte Ihnen, dass die drei Grundmodelle Tugendethik, deontologische Ethik und teleologische Ethik alle moralischen Positionen abdecken würden. Dennoch werden Sie auf zusätzliche Ansätze stoßen, bei denen es jedoch fraglich ist, ob es sich überhaupt um normative Ethiken handelt. Es geht hier um Ansätze, die gerne ins Feld geführt werden, um die Ansprüche normativer Ethik zu widerlegen. Dabei handelt es sich um den Hedonismus, den Egoismus und den Relativismus.

Betrachten Sie als erstes den Hedonismus, eine Haltung, die die Lust zum Ziel des Lebens erklärt und behauptet, erlaubt sei, was Spaß macht. Ist dies eine mögliche ethische Position? Zunächst ist der Hedonismus in seiner Reinform ein klassisches Beispiel für einen naturalistischen Fehlschluss. Aus der Tatsache, dass bestimmte Handlungen angenehm sind, wird gefolgert, dass man sie tun soll. Der Hedonismus weicht damit der ethischen Fragestellung aus. Auf die Frage ob und warum man etwas tun soll, antwortet er: Weil es Lust bereitet. In dieser einfachen Form, wenn die Interessen anderer Menschen überhaupt keine Rolle spielen, widerspricht der Hedonismus auch dem Prinzip der Verallgemeinerbarkeit und scheidet als normative Ethik aus. Falls der Hedonismus sich auf ethische Erwägungen einlässt und fremde Interessen berücksichtigt, dann wird er zu einer Spielart der teleologischen Ethik, indem er die Maximierung von Lust zum obersten oder zumindest zu einem wichtigen Handlungsziel erklärt.

In eine ähnliche Richtung zielt der Egoismus. Im Grunde deckt sich der Egoismus in den meisten Fällen sogar mit dem Hedonismus, nur dass hier der Bezug auf *meine* Lust im Vordergrund steht, während es beim Hedonismus der Bezug auf meine *Lust* ist. Der Egoismus lehnt die Berücksichtigung der Interessen anderer bei der Abwägung von Handlungen grundsätzlich ab und ist somit die Gegenposition zu jeder normativen Ethik. Der Egoist handelt kurz gesagt aus Prinzip unmoralisch. Rein handlungstheoretisch wird eine konsequent egoistische Haltung dazu führen, dass der so Handelnde das Gegenteil dessen erreicht, was er erreichen will. Unter der Voraussetzung, dass alle Menschen egoistisch und ohne ethische Regeln handeln würden, folgt ein reiner Konkurrenzkampf ohne Kooperation, der im Endeffekt alle schlechter stellen wird.

Eine Widerlegung des Egoismus mit moralischen Argumenten ist nicht möglich, da hier die Frage vorangestellt wird: Warum soll ich überhaupt moralisch handeln? Es ist sogar vorstellbar, dass ein Egoist Ihnen zugesteht, dass eine Handlung moralisch wäre, zum Beispiel ein Kind vor dem Ertrinken zu retten, dass er es aber trotzdem ablehnt, so zu handeln, weil er für sich keinen Vorteil sieht. Der Egoist fragt also bei jeder Handlung: Was habe ich davon? Er verlangt einen außermoralischen Grund, um moralisch zu handeln. Sagen Sie ihm beispielsweise, er würde eine Belohnung erhalten, wenn es das Kind rettet, dann tut er es vielleicht, aber nur wegen der Belohnung.

Der Relativismus schließlich verweist auf die faktische Vielfalt moralischer Vorstellungen, um jede moralische Verbindlichkeit für unmöglich zu erklären. Wird der Relativismus als Tatsachenbeschreibung ins Feld geführt, dann ist dies trivial. Dass es zu verschiedenen Zeiten und bei verschiedenen Kulturen unterschiedliche Moralsysteme gab und gibt, ist empirisch sehr leicht nachprüfbar. Es ist aber gerade eine wesentliche Aufgabe der Ethik, trotz aller Verschiedenheiten eine gemeinsame Basis zu finden. Im Übrigen kann aus der Tatsache, dass verschiedene Menschengruppen unterschiedlichen Grundsätzen folgen, nicht geschlossen werden, dass sie dies auch tun sollen.

Ein entschiedener Relativist wird einwenden, dass eine solche Suche nach gemeinsamen Normen illusorisch ist, da Menschen aufgrund kultureller Voraussetzungen zwangsläufig verschiedene Moralsysteme entwickeln. Der Relativismus verneint damit nicht die Existenz von Moral, sondern deren Allgemeinverbindlichkeit. Das stärkste Argument für einen allgemeinen Relativismus wäre es, wenn man nachweisen könnte, dass es Gemeinschaften gibt, die genau das als Norm vertreten, was zum Beispiel bei uns als Verbrechen gilt. Hier ginge es um mehr als verschiedene Ausformungen von Verhalten in verschiedenen Kulturen.

Und in der Tat scheint es solche Beispiele zu geben. Im Polargebiet war es bei manchen Völkern wie den Eskimos oder den Tschuktschen Brauch, ihre Eltern zu töten, wenn sie alt und krank wurden. Statt sie zu pflegen, wurden sie getötet. Doch wäre es ein Missverständnis den Eskimos kalten Egoismus zu unterstellen, so als würden sie Familienmitglieder beseitigen, wenn sie unnütz werden. Die Eltern erwarteten es, getötet zu werden und sie wünschten es auch. Gehen wir davon aus, dass das Überleben der Sippe in solch klimatisch extremen Gebieten, wie dem Lebensraum der Eskimos, davon abhängt, dass alle beweglich sind und bei einer nomadischen Lebensweise mit anpacken können, so stellt die Situation sich anders dar. Eine Pflege bettlägeriger Angehöriger ist unter solchen Umständen gar nicht möglich, die Eltern würden nicht versorgt, ihr Leiden würde nur verlängert und verschlimmert werden, und die Existenz der ganzen Familie stünde auf dem Spiel.

Wenn Sie nicht die konkrete Handlungsgestalt allein, sondern die Handlung als Ganzes mit ihrer Begründung betrachten, dann zeigt sich, dass auf einer tieferen Ebene das Handeln der Eskimos mit unseren moralischen Normen durchaus verträglich ist. Die Regel lautet nicht: Töte deine Eltern, sondern: Tue deinen Eltern das unter den gegebenen Umständen Beste an. Und das kann unter extremen Umständen darin bestehen, sie zu töten. Wenn in modernen Verhältnissen in erreichbarer Entfernung ein Krankenhaus oder Pflegeheim zur Verfügung steht, werden die Kinder ihre Eltern auch nicht töten, sondern dorthin bringen.

7.3. Tugendethik am Beispiel des Aristoteles

Das erste und älteste klassische Modell für eine philosophische Ethik ist die Tugendethik. Sie ist die in Antike und Mittelalter vorherrschende Form der Ethik und man glaubte lange Zeit, sie sei ein nur noch geschichtliches Modell. Doch in der zweiten Hälfte des 20. Jahrhunderts und vor allem gegen Ende des Jahrhunderts wurden tugendethische Ansätze wieder aufgegriffen und mit neuen Inhalten gefüllt.

Der klassische Vertreter einer Tugendethik ist Aristoteles. Ihn möchte ich deshalb in den Mittelpunkt stellen, vor allem da Aristoteles seine Theorie in einzelnen Schritten entwickelt. Auch Platon ist Vertreter einer Tugendethik, die bei ihm jedoch eher erschlossen werden muss, da sie stark mit seiner theoretischen Philosophie verflochten ist.

Bei einer Tugendethik liegt, wie der Name schon sagt, das Hauptgewicht auf den Tugenden des Handelnden. Die Ethik orientiert sich damit in erster Linie am handelnden Menschen und an seiner Motivation, beziehungsweise an seinem Charakter. Gutes Handeln ist von einem guten Menschen zu erwarten. Und wer das Gute tut, dessen Seele befindet sich in einem Zustand des Gleichgewichts und der Harmonie, was zur Folge hat, dass der gute Mensch zugleich der glückliche Mensch ist.

Aristoteles spricht oft vom Ziel, dem *Telos*, wie es auf Griechisch heißt. Das Ziel des menschlichen Lebens ist das Glück, sagt er ausdrücklich. Das führt manchmal dazu, dass man die Ethik des Aristoteles als teleologisch einordnet. Dabei handelt es sich aber um ein Missverständnis. Bei Aristoteles wie bei jeder Tugendethik stehen nicht die Folgen des Handelns, sondern die charakterliche Beschaffenheit des Handelnden im Mittelpunkt. „Teleologisch“ bedeutet hier, dass die Ethik die optimale Entfaltung aller menschlichen Anlagen mit sich bringt, und der moralisch handelnde Mensch der wirklich gelungene Mensch ist. Durch die Verwirklichung der Tugenden erreicht der tugendhafte Mensch das gute Leben als sein in ihm angelegtes Ziel.

Die Begründung der Ethik liegt bei der Tugendethik in der Natur des Menschen, jedoch liegt hier kein Sein-Sollens-Fehlschluss vor, da nicht auf die empirische Natur des Menschen Bezug genommen wird, sondern auf eine jedem Menschen innewohnende Möglichkeit, die sich als volle Entfaltung aller menschlichen Anlagen verwirklichen soll. Eine volle Entfaltung der Tugenden setzt eine menschliche Gemeinschaft voraus, wodurch die Ethik des Aristoteles in den sozialen Beziehungen der Handlungswelt fest verankert ist.

Platon, der Lehrer des Aristoteles, unterscheidet drei Seelenteile: das Begehren, die Lebenskraft und die Vernunft, und er weist jedem Seelenteil eine Tugend zu, dem Begehren die Besonnenheit, der Lebenskraft den Mut und der Vernunft die Weisheit. Wenn jeder Seelenteil das Seinige tut und die Seele sich damit in Harmonie befindet, dann ist dies die vierte Tugend, nämlich die Gerechtigkeit. Diese vier Tugenden: Besonnenheit, Mut, Weisheit und Gerechtigkeit wurden in der Philosophie traditionell als die vier Kardinaltugenden bezeichnet.

Aristoteles erweitert das Tugendmodell indem er zunächst zwei Arten von Tugenden unterscheidet, einmal die Verstandestugenden Weisheit und Klugheit und dann die Charaktertugenden, die die eigentlich ethischen Tugenden sind. Aus der Verwirklichung aller Tugenden ergibt sich die *Eudaimonia*, das gute und damit zugleich gelungene und glückliche Leben.

Die ethischen Tugenden sieht Aristoteles in einem Spannungsverhältnis zwischen Mangel und Übermaß, sie müssen die richtige Mitte zwischen einem Zuwenig und Zuviel halten. Das soll an zwei Beispielen erläutert werden. Auch für Aristoteles ist der Mut eine wichtige Tugend. Als Gegenteil des Mutes werden Sie die Feigheit nennen. Doch das ist für Aristoteles nur die Hälfte der Sache. Feigheit bedeutet ein Zuwenig an Mut, doch es gibt auch ein Zuviel, nämlich die Tollkühnheit. Der Tollkühne überschreitet das richtige Maß und bringt sich und andere in gefährliche Situationen. Nur der Mutige handelt angemessen. Auf keinen Fall stellen die Tugenden der Mitte einen Kompromiss dar, so wie die Lauheit zwischen Hitze und

Kälte. Nur die Mitte verwirklicht die Tugend, die beiden anderen Positionen sind Entartungen. Diese Mitte der Tugend können Sie sich bildlich am besten als den höchsten Punkt auf einem nach oben geschwungenen Halbkreis vorstellen. Dort steht im Beispiel der Mut. Feigheit und Tollkühnheit liegen an den Enden des Halbkreises, beide weit unterhalb des Mutes.

Ein anderes Beispiel bei Aristoteles ist die Tugend der Großzügigkeit. Der Großzügige wird gerne Geschenke und Spenden geben, aber immer im angemessenen Rahmen. Die beiden Entartungsformen dieser Tugend sind der Geiz und die Verschwendungssucht. Gibt der Geizige gar nichts oder auf jeden Fall zu wenig, so wirft der Verschwendungssüchtige seine Gaben mit beiden Händen hinaus.

Sie verstehen jetzt sicher, warum die Erziehung und Charakterbildung beim Ansatz der Tugendethik eine solch große Rolle spielt. Ist jemand ein mutiger Mensch, so können Sie sich darauf verlassen, dass er sich in einer Situation, in der es erforderlich ist, auch mutig verhalten wird, einfach weil Mut zu seinem Charakter gehört. Hat jemand sich nie darin geübt, so werden ihm selbst die besten Absichten nichts nützen, wenn er plötzlich beschließt, er wolle jetzt mutig handeln. Genauso ist es mit dem Großzügigen, er wird sich ganz automatisch großzügig verhalten, da er großzügig ist und die Großzügigkeit für ihn etwas Selbstverständliches ist. Ohne diese Übung, die Ihnen ein Handeln in Fleisch und Blut übergehen lässt, stehen Sie zwar mit dem Entschluss da, jetzt großzügig zu sein, gleichzeitig überlegen Sie krampfhaft, welche Gabe denn jetzt angemessen großzügig sein könnte. Wer die Menschen zu guten Menschen erzieht, der braucht sich um ihr Handeln keine Sorgen mehr zu machen, denn gute Menschen werden zwangsläufig gut handeln.

Wenn Sie die einzelnen Tugenden bei Aristoteles betrachten, dann werden Sie feststellen, dass die Tugendethik der Griechen etwas Aristokratisches und Elitäres an sich hat. Neben Mut und Großzügigkeit stehen dort Hochherzigkeit, Vornehme Ruhe, Gewandtheit, Höflichkeit, Wahrhaftigkeit und ähnliche Tugenden. Aristoteles orientiert sich am freien Bürger, der über wirtschaftliche Selbständigkeit verfügt.

Ein Tugendkatalog kann jedoch auch mit anderen Werten gefüllt werden. So steht die scholastische Philosophie eines Thomas von Aquin fest auf aristotelischen Grundlagen, präsentiert aber ein christliches Tugendmodell. Neben die klassischen vier Kardinaltugenden treten hier die drei theologischen Tugenden, die aus der Gnade Gottes dem Menschen geschenkt sind, nämlich Glaube, Liebe und Hoffnung.

Liegen die Hauptvertreter der Tugendethik zwar weit in der Vergangenheit, so erfuhr dieses ethische Modell in jüngerer Zeit eine Art Wiederauferstehung. Moral kann sich in diesem Verständnis nur als Charakterform wirklich entfalten. Als prominenteste Beispiele unter den neueren Tugendethikern seien Alasdair MacIntyre (geb. 1929) und Martha Nussbaum (geb. 1947) genannt. Die Moral soll hier wieder in der sozialen Praxis der Gemeinschaft verankert werden. Dahinter steht die Ansicht, dass eine kulturunabhängige Moral nicht funktionieren kann.

7.4. Deontologische Ethik am Beispiel Kants

Setzt die Tugendethik beim Handelnden und seiner Motivation an, und legt die teleologische Ethik ihren Schwerpunkt auf die Folgen und Konsequenzen des Handelns, so konzentriert sich die deontologische Ethik auf die Handlung selbst. Es gibt bestimmte Handlungen, die grundsätzlich verboten und andere, die geboten sind. Der Begriff der Pflicht spielt hier eine große Rolle. Deontologische Ethiken neigen dazu, Kataloge von Geboten und Verboten aufzustellen. Lügen oder Stehlen zum Beispiel ist verboten, ganz egal aus welchen Motiven und mit welchen Absichten es erfolgt. Darin ist eine grundsätzliche Universalisierung enthalten, denn solche Verbote gelten für jedermann.

Das wohl älteste Beispiel für eine deontologische Ethik sind die zehn Gebote der Bibel. Aus philosophischer Sicht ist dieses Modell natürlich sehr unbefriedigend, da eine transzendente Begründung durch Gott vorausgesetzt wird.

Will man eine deontologische Ethik mit den Mitteln der Philosophie begründen, so bietet es sich an, am Prinzip der Universalisierung anzusetzen. Der Grundgedanke dabei ist, dass man sich überlegen soll, wie es denn wäre, wenn jeder so handeln würde. Dieser Gedanke wird traditionell in vielen Kulturen durch die sogenannte Goldene Regel ausgedrückt: „Behandle andere so, wie du von ihnen behandelt werden willst." Eine kindgerechte Formulierung lautet: „Was du nicht willst, das man dir tu, das füg auch keinem anderen zu." Sie müssen also von Ihrer Person und Ihren besonderen Umständen abstrahieren, um auf die Ebene der Allgemeingültigkeit zu gelangen. Die Normen, nach denen Sie handeln, müssen verallgemeinerbar sein.

Bei der Suche nach einem deontologischen Philosophen werden Sie sehr schnell bei Immanuel Kant landen. Kant ist nicht nur der mit Abstand wichtigste Deontologe, er hat die Diskussion so sehr geprägt, dass man manchmal den Eindruck gewinnen kann, er wäre sogar der einzige. Es gibt jedenfalls keinen anderen Philosophen, der sich so intensiv mit allen Problemen und Voraussetzungen der Ethik auseinandergesetzt hat, wie Kant.

Nach Kant ist für die Begründung moralischen Handelns weder die Natur des Menschen entscheidend, wie bei den Tugendethikern, noch die Umstände in der Welt, wie bei den Teleologen. Der Schlüssel zur Moral liegt einzig und allein im menschlichen Willen. In seinem ersten Hauptwerk zur Ethik, in der „Grundlegung zur Metaphysik der Sitten" besagt der erste Satz, dass nichts auf der Welt wirklich gut sei, als allein ein guter Wille. Das mag auf den ersten Blick tugendethisch klingen, ist jedoch ganz anders gemeint. Ein guter Wille ist nämlich ein solcher, der nur aus Pflicht handelt, er handelt nicht nur gemäß der Pflicht, sondern einzig und allein, weil eine Handlung Pflicht ist. Die Pflicht ist die Motivation moralischen Handelns.

Das Hauptwerk zur Kantischen Ethik ist die „Kritik der praktischen Vernunft". Dort beginnt Kant mit einer Untersuchung moralischer Regeln. Er definiert zunächst eine Maxime, als eine Regel, die den Willen bei einer Handlung leitet. Sie können es sich zum Beispiel zur Maxime machen, jeden Morgen um 7 Uhr aufzustehen, oder vor Sonnenuntergang keinen Alkohol zu trinken. Das sind Regeln, die Sie sich setzen. Es macht Ihnen nichts aus, wenn jemand anderes diesen Maximen nicht folgt, denn es sind nur subjektive Regeln. Hier befinden Sie sich noch nicht auf dem Gebiet der Moral.

Neben diesen subjektiven Regeln gibt es auch solche, die objektiv gültig sind, die also für alle Menschen gelten. Kant bezeichnet solche Regeln als Gesetze oder Imperative. Betrachten Sie die folgenden beiden Regeln: 1) „Wenn du deine Arbeitsstelle behalten möchtest, darfst du deinen Chef nicht bestehlen". 2) „Du sollst nicht stehlen". Beide Regeln gelten objektiv für alle Menschen, doch die erste Regel enthält eine Bedingung. Kant nennt so etwas einen hypothetischen Imperativ. Eine Handlung wird nicht uneingeschränkt geboten, sondern sie gilt in Abhängigkeit von bestimmten Bedingungen. Der Inhalt dieser Regel gehört zwar zum Bereich der Ethik, sie ist aber keine moralische Norm, sondern eher eine praktische Klugheitsregel. Ihr könnte auch ein Verbrecher aus taktischen Gründen folgen. Die zweite Regel dagegen gilt bedingungslos und drückt ein klares Sollen aus.

Doch warum soll jemand nicht stehlen? Weil es verboten ist? Weil er so erzogen wurde? Weil es gefährlich ist? Weil man bestraft wird, wenn man erwischt wird? Das ist alles sicher richtig, doch bei all diesen Begründungen würden Sie wieder in einen hypothetischen Imperativ ausweichen. Sie könnten nämlich sagen: „Wenn du nicht bestraft werden willst, dann sollst du nicht stehlen" oder „Wenn du deine Eltern nicht enttäuschen willst, dann darfst du nicht stehlen". Jedes Mal wird die moralische Norm von etwas abhängig gemacht, was außerhalb der Moral steht, und was letztendlich ganz allgemein gesagt immer mit einem Vorteil oder Nachteil für den Handelnden verbunden ist. Kant fasst alle solchen Vorteile unter dem Begriff der Neigung zusammen.

Auf diese Weise kommen wir aber nicht zur Moral. Eine wirklich moralische Handlung muss nämlich um ihrer selbst willen getan werden und aus keinem anderen Grund. Kant geht sogar so weit, eine Handlung, die als solche eindeutig moralisch ist, als nicht moralisch zu bezeichnen, wenn sie aus einem eigennützigen Motiv erfolgt. Nehmen Sie an, ein junger Mann geht mit seiner Freundin am Ufer spazieren, als er bemerkt, wie ein Kind ins Wasser fällt. Er denkt, dass eine selbstlose Tat seine Freundin sicher stark beeindrucken werde, und springt ins Wasser, um das Kind zu retten. Sein eigentliches Motiv bestand darin, sich als Held zu zeigen. Kant spricht in so einem Fall von Legalität, nicht von Moralität, denn die Handlung erfolgte zwar gemäß einem moralischen Gebot, aber nicht aus dem Grund, weil sie geboten ist, sondern aus einem anderen Motiv.

Wenn Sie dies zu Ende denken, werden Sie sich schließlich fragen, ob es eine wirklich moralische Handlung überhaupt jemals gegeben hat. Kant würde Ihnen antworten, dass dies unwichtig ist. Selbst wenn noch nie jemand moralisch gehandelt haben sollte, steht es außer Frage, dass Sie es dennoch tun sollen.

Kehren Sie nochmals zurück zur Untersuchung der Handlungsregeln. Sie haben festgestellt, dass es nicht so sehr auf die Handlung ankommt, sondern auf die Frage, aus welchem Grund so gehandelt wird. Wann immer eine moralische Handlung von Bedingungen abhängig gemacht wird, ist sie gar keine moralische Handlung. Sie müssen die Handlung bedingungslos wollen, einfach weil sie geboten ist. Kant sagt, dass Sie alle inhaltlichen Faktoren beiseitelassen müssen, denn sonst werden Sie über die Stufe der hypothetischen Imperative nie hinausgelangen. Aber was bleibt von einem Gesetz übrig, wenn Sie von allen Umständen und von allen Folgen, wenn Sie von konkreten Personen und von Gefühlen und Wünschen abstrahieren? Es bleibt die Gesetzmäßigkeit als solche übrig. Moralische Normen müssen objektiv für jedermann gelten, so hatten Sie eingangs festgestellt. Und eben darin besteht die Gesetzmäßigkeit. Es ist das Prinzip der Allgemeinverbindlichkeit als solches, das den einzigen Inhalt des Gesetzes ausmacht. Da von allen Inhalten abstrahiert wurde, bleibt allein die Form übrig.

Kant nennt diese Regel den kategorischen Imperativ, dessen klassische Formulierung lautet: „Handle so, dass die Maxime deiner Handlung jederzeit zugleich zur Grundlage einer allgemeinen Gesetzgebung dienen könne." Dieses Gesetz ist ein Imperativ, da die Menschen normalerweise nicht so handeln wollen, sondern lieber ihren Wünschen und Neigungen folgen. Der kategorische Imperativ drückt das Sollen als solches aus. Handle so, auch wenn du anders handeln willst.

Woher kommt dieser kategorische Imperativ? Er wurde nicht von einem Gott empfangen, er entspricht auch nicht unserer Natur oder unserem Instinkt, denn sonst würden wir ja automatisch so handeln. Kant sagt, dass der kategorische Imperativ der Vernunft entspringt, ja dass unsere Vernunft als praktische Vernunft mit dem kategorischen Imperativ identisch ist. Kant betont, dass es unsere Vernunft ist, Ihre Vernunft ebenso wie meine, die sich als kategorischer Imperativ ausspricht. Es ist also kein übernatürliches Gesetz, sondern ein selbstgegebenes, dem Sie folgen sollen.

Kant beansprucht aber nicht für sich, er hätte jetzt endlich das Gesetz der Moral gefunden, sondern er sagt vielmehr, dass die Menschen schon immer diesem Gesetz folgten, da es schon immer wirksam war. Seine Leistung besteht nur darin, dass er die Zusammenhänge mit letzter Deutlichkeit herausgearbeitet hat.

Der wichtigste Zusammenhang besteht darin, dass der kategorische Imperativ zugleich ein Gesetz der Freiheit ist. Wann immer Sie Ihren Neigungen folgen, handeln Sie nicht wirklich frei, denn sie werden dann nur von äußeren Ursachen bestimmt, und seien es Ihre Hormone. Wenn Sie jedoch dem kategorischen Imperativ folgen, dann handeln Sie aus reiner Vernunft und machen sich damit frei von allen materiellen Ursachen. Moralisches Handeln ist die Verwirklichung von Freiheit.

Sie haben also jetzt eine moralische Norm, die Sie unbedingt befolgen sollen. Diese Norm ist ein formales Gesetz ohne inhaltliche Bestimmung. Gehen Sie jetzt mit diesem Gesetz an die Wechselfälle des Lebens heran, um zu prüfen, ob Sie davon sichere Handlungsanleitungen erhalten. Der häufigste Vorwurf gegen die kantische Ethik lautet nämlich, dass das eigentliche Problem, nämlich die Frage: „Was soll ich tun?“ damit nur verschoben wird. Je nachdem, wie Sie eine Situation interpretieren, könnten verschiedene Handlungen dem kategorischen Imperativ entsprechen.

Ein Beispiel, das Kant selbst verwendet, ist das Verbot der Lüge. Kant sagt, dass der kategorische Imperativ verlangt, immer die Wahrheit zu sagen. Prüfen Sie die Maxime, man dürfe zu seinem Vorteil lügen, auf ihre Verallgemeinerbarkeit, so werden Sie feststellen, dass eine solche Maxime sich selbst aufhebt. Denn das Lügen macht ja nur Sinn, wenn Sie voraussetzen, dass alle anderen die Wahrheit sagen und deshalb erwarten, dass Sie ebenfalls die Wahrheit sagen. Das Lügen funktioniert nur als Ausnahme von einer üblichen Praxis. Wäre es eine allgemeine Regel, dass jedermann lügt, sobald es für ihn von Vorteil ist, würden Lügen sinnlos werden, da ja jeder davon ausginge, dass Sie jetzt lügen.

Sie sollen also die Wahrheit sagen. Für die allermeisten Fälle des Lebens mag dies zutreffen. Doch wie ist es, wenn Sie das Gebot, nicht zu lügen, wirklich immer und überall anwenden? Nehmen Sie an, ein Notarzt gelangt zu einer Unfallstelle und versorgt eine Schwerverletzte. Diese ist bei Bewusstsein und fragt den Arzt, ob ihr Kind unverletzt sei. Der Notarzt weiß bereits, dass das Kind tot ist. Ist er nun moralisch verpflichtet dies der verletzten Frau wahrheitsgemäß zu sagen, selbst auf die Gefahr hin, sie könnte dann einen Kollaps erleiden und ebenfalls sterben? Vermutlich wird der Arzt die Frau beruhigen und sie weiterversorgen.

Wie verträgt sich das mit dem kategorischen Imperativ? Eine Möglichkeit besteht darin, zu sagen, dass es hier gar nicht um eine Frage von Wahrheit oder Lüge geht, sondern um die Rettung einer Verletzten. Der Arzt belügt nach diesem Verständnis die Frau nicht, sondern rettet ihr Leben. Aber kann ich mir auf diese Weise nicht alle Situationen passend interpretieren?

Es wäre ein Missverständnis, den kategorischen Imperativ als einen Ratgeber für alle Lebenslagen zu behandeln. Kant liefert ja eben keine Liste von konkreten Geboten und Verboten, sondern eine formale Regel, die Sie als Anleitung benutzen können, wie Sie bei einer moralischen Frage vorgehen sollen. Für die allermeisten Fälle des Lebens wird dies ziemlich eindeutig sein, und Sie werden zugeben müssen, dass Sie ihre Mitmenschen nicht bestehlen oder betrügen dürfen. Es können aber auch Konfliktfälle auftreten, wo es keine abrufbare Lösung gibt und wo Sie eine Gewissensentscheidung oder Abwägung treffen müssen. Dies sieht auch Kant so, er spricht in diesem Fall von moralischer Urteilskraft, die eine Anwendung des moralischen Gesetzes auf konkrete Fälle leistet. Aber egal wie Sie handeln, Sie tragen dafür die Verantwortung.

Eine bedeutende Leistung der kantischen Ethik besteht darin, dass sie eine tragfähige Grundlage für das Prinzip der Menschenwürde bietet. Für Kant wurzelt der Begriff der Person in der Möglichkeit des moralischen Handelns. Weil jeder Mensch Träger des moralischen Gesetzes und damit potentiell frei ist, deshalb muss jeder auch als Person behandelt werden. Die Menschlichkeit des Menschen beruht für Kant in seiner zumindest möglichen Moralität, nicht in seiner Intelligenz. Es ist die praktische nicht die theoretische Vernunft, die den Kern der Menschlichkeit ausmacht.

Kant bringt dies mit einer Umformulierung des kategorischen Imperativs zum Ausdruck: „Handle so, dass du die Menschheit in deiner Person oder in der Person eines anderen niemals bloß als Mittel, sondern immer zugleich als Zweck behandelst.“ Jeder Mensch ist Person, und als solche hat er eine Würde und keinen Preis. Daraus folgt, dass man Menschen niemals bloß benutzen oder instrumentalisieren darf. Dies richtet sich nicht nur gegen den offensichtlichen Fall der Sklaverei, sondern gegen jede menschenunwürdige Behandlung. Jeder Mensch ist Selbstzweck und kann durch keinen Preis der Welt aufgewogen werden.

Kant ist zwar der mit Abstand wichtigste Vertreter einer deontologischen Ethik, jedoch nicht der einzige. Allerdings erfordert jeder deontologische Ansatz in der Folgezeit eine ausführliche Auseinandersetzung mit Kant. Weshalb bei allen solchen Theorien der Geist Kants immer spürbar bleibt.

Die wahrscheinlich bekannteste deontologische Ethik nach Kant ist die Konsens- oder Diskursethik, wie sie von Jürgen Habermas und Karl-Otto Apel (geb. 1922) entwickelt wurde. Die Konsensethik ist kein eigenständiger Ethiktyp, da es auch hier darum geht, bestimmte Regeln des Handelns zu formulieren. Eigenständig ist an dieser Theorie aber der Ansatz zur Begründung. Habermas schlägt einen herrschaftsfreien Diskurs vor, um gesellschaftliche Normen zu begründen. Nur diejenigen Normen können Geltung beanspruchen, die die Zustimmung aller Betroffenen als Teilnehmer dieses Diskurses finden. Das wichtigste Merkmal eines solchen herrschaftsfreien Diskurses besteht darin, dass niemand irgendeine Form von Macht oder Autorität ausüben darf. Außerdem darf niemand versteckte Interessen vertreten, er darf also nicht taktisch argumentieren, um die anderen Mitglieder auszutricksen oder zu überreden. Alle müssen ohne Angst ihre Positionen einbringen können, damit ein vernünftiger Ausgleich gefunden werden kann. Abgesehen davon, ob so etwas überhaupt möglich ist, gerät die Diskursethik in eine Zirkelargumentation. Um zu ethischen Normen zu gelangen, werden Herrschafts- und Gewaltfreiheit und die Anerkennung aller Diskursteilnehmer als gleichberechtig gefordert. Damit wird aber eine ethische Grundhaltung, die doch erst ermittelt werden soll, schon vorausgesetzt.

Ein weiterer moderner Vertreter eines deontologischen Ansatzes in der Praktischen Philosophie ist John Rawls, dessen Theorie ich Ihnen im Kapitel über Politische Philosophie näher vorstellen werde.

7.5. Teleologische Ethik am Beispiel des Utilitarismus

Das dritte Grundmodell der Moralphilosophie ist die teleologische Ethik. Gab es bei der deontologischen Ethik einen klaren Hauptvertreter, so ist es hier eine bestimmte philosophische Richtung. Die teleologische Ethik tritt fast ausschließlich in der Gestalt des Utilitarismus auf. Der Begriff der Teleologie hat sich weitgehend eingebürgert, auch wenn er manchmal zu Missverständnissen führt, wenn man das Konzept des antiken *Telos* damit in Verbindung bringt. Eine teleologische Ethik beurteilt Handlungen nach den Folgen der Handlung, nach ihren Konsequenzen. Es gibt deshalb auch die Bezeichnung Konsequentialismus, die vielleicht treffender wäre, die sich aber nie allgemein durchgesetzt hat.

Der Utilitarismus entstand in England und ist auch heute überwiegend im angelsächsischen Raum verbreitet. Der Begriff geht auf das englische *utility* (= Nutzen) zurück. Das Grundprinzip des Utilitarismus lautet demnach: Führe diejenige Handlung aus, durch die eine größtmögliche Summe an Nutzen für alle Betroffenen erreicht wird. Der Nutzen wird also nicht auf das Handlungssubjekt beschränkt, wie dies beim simplen Hedonismus der Fall ist, sondern bei der Nutzenabwägung werden die Interessen der anderen Menschen mit berücksichtigt. Auch beim Utilitarismus steht also das Prinzip der Universalisierung an oberster Stelle.

Aber was heißt Nutzen? Bereits sehr früh wurde Nutzen als Glück (*happiness*) definiert. Da der Begriff des Glücks jedoch ebenfalls ziemlich schillernd ist, wurde es als eine Bilanz aus Lust und Unlust verstanden. Das Ziel einer Handlung im Utilitarismus muss es also sein, die Differenz zwischen allen Lust- und Unlusterlebnissen möglichst zu Gunsten der Lust zu erhöhen.

Der Begründer des Utilitarismus ist Jeremy Bentham (1748–1832). Von ihm stammt die klassische Formel vom größtmöglichen Glück für die größtmögliche Zahl. Der Utilitarismus strebt danach, für die größtmögliche Zahl an Menschen das größtmögliche Maß an Glück, das heißt die größtmögliche Summe an Lust zu erzielen. Die Motive und Beweggründe des Handelnden spielen dabei keine Rolle.

Weiterhin ergibt sich aus dieser Formel, dass alle Menschen als prinzipiell gleichwertig behandelt werden. Und nicht nur das. Bereits Bentham plädiert dafür, auch die Lust- und Leidenserlebnisse von Tieren zu berücksichtigen, was in neuester Zeit wieder aufgegriffen wurde. Tiere können im Utilitarismus leicht integriert werden.

Trotzdem ist Benthams Kriterium sehr vieldeutig und erzeugt mindestens so viele Probleme wie es löst. Denn die Formulierung vom größtmöglichen Glück der größtmöglichen Zahl eröffnet zwei Skalen, ohne deutlich zu machen, wo der Vorrang liegen soll. Je nachdem, wo Sie die Betonung setzen, könnten Sie zu gegensätzlichen Ergebnissen kommen. Legen Sie den Tenor auf das größtmögliche Glück, so könnte daraus auch eine Feudalgesellschaft folgen, in der eine kleine Gruppe von Menschen in Saus und Braus lebt, während die Mehrheit eben gerade so über die Runden kommt und minimal mehr Lust- als Unlusterlebnisse hat. Stellen sie dagegen die größtmögliche Zahl in den Vordergrund, so gelangen Sie vielleicht zu einem mickrigen Wohlfahrstaat, in dem es zwar niemanden richtig gut geht, in dem aber alle eine akzeptable Versorgung haben. Beides scheint durch Benthams Formel gedeckt.

Da der Utilitarismus eine gewisse Messbarkeit voraussetzt, muss man fragen, wie sich denn die Intensität des Glücks oder die Summe an Lust bestimmen lässt. Zunächst muss man dabei die Bewertung der Subjekte berücksichtigen, denn was für den einen eine große Freude ist, kann für den anderen öde oder sogar lästig sein. Dann muss die Quantität einfließen, eine Woche Urlaub bereitet mehr Lust als ein Tag. Dazu kommen noch weitere Faktoren, wie etwa die allgemeine Sicherheit, der Grad der Gewissheit mit dem ein Ereignis eintreffen wird und anderes mehr.

Handlungen werden durch ihre Folgen gerechtfertigt. Das moralische Ziel besteht darin, dass durch Ihre Handlung mehr gute als schlechte Folgen entstehen, und zwar unter Berücksichtigung aller Menschen, denn es geht immer um die Gesamtsumme. Aber wie sollen Sie dann überhaupt noch handeln? Wie kann jemand die Folgen seiner Handlung in diesem umfassenden Rahmen abschätzen?

Hier gerät man sehr rasch in die Abhängigkeit von vorgeblichen Experteneinschätzungen. Genau an dieser Problematik spaltet sich der Utilitarismus in zwei Hauptrichtungen, in den Handlungs-Utilitarismus und den Regel-Utilitarismus.

Der Handlungs-Utilitarismus, den zum Beispiel Bentham vertritt, setzt die Abwägung der Folgen in der Tat bei der einzelnen Handlung an. Sie müssten sich also im Grunde genommen bei jeder Handlung und bei jeder Entscheidung fragen, welche Folgen Ihr Tun für die Menschheit haben wird. Sie werden wahrscheinlich zustimmen, dass ein solcher Ansatz die meisten Menschen schnell überfordern wird.

Der Regel-Utilitarismus macht die Prüfung nicht bei der konkreten Handlung, sondern er prüft Regeln, nach denen gehandelt wird. Er fragt also, ob es zur optimalen Glücksverteilung für die Menschheit führen wird, wenn alle der fraglichen Regel folgen. Diese Spielart des Utilitarismus kommt in eine gewisse Nähe zur deontologischen Ethik. Ihr Hauptvertreter ist John Stuart Mill (1806–1873).

Mill war ein Schüler Benthams und entwickelte dessen Theorien weiter, nicht zuletzt wegen der besagten Probleme, die sich darin ergeben hatten. Nach der Theorie des Regel-Utilitarismus müssen Sie nicht mehr in jedem einzelnen Fall überlegen, welche Folgen zum Beispiel eine Lüge haben würde, sondern Sie prüfen die entsprechende Regel und handeln dann ihr entsprechend. Eine Rechtfertigung würde zum Beispiel darin bestehen, dass Sie feststellen: „Die Wahrheit zu sagen, dient im Allgemeinen dem Wohl der Gesamtheit mehr als zu lügen."

Mill differenziert in seinem ethischen Hauptwerk „Der Utilitarismus" auch den Begriff des Glücks beziehungsweise der Lust, indem er Abstufungen zulässt. Es gibt also Arten der Lust, die höherwertig sind als andere. Mill bringt dies auf die prägnante Formel: „Lieber ein unglücklicher Sokrates als ein glückliches Schwein."

Der dritte klassische Vertreter des Utilitarismus ist Henry Sidgwick (1838-1900). Er machte sich vor allem Gedanken zur Begründung des ethischen Prinzips, ein Thema, das bisher eher am Rande behandelt wurde. Dabei greift er auf den Common Sense als Grundlage zurück und vertritt die Position, dass die obersten Grundsätze der Ethik evident sind und intuitiv einleuchten.

Der bekannteste gegenwärtige Utilitarist ist der australische Philosoph Peter Singer (geb. 1946). Er ist die wahrscheinlich originellste und auch umstrittenste Gestalt in der heutigen ethischen Diskussion. Am bekanntesten sind einerseits seine sehr weitreichenden Überlegungen zur Einbeziehung von Tieren in ethische Abwägungen, andererseits seine These, dass Embryos und sogar Neugeborene getötet werden können, sollten sie an schwersten Behinderungen leiden. Singer hat auch eine positive Einstellung zur aktiven Sterbehilfe. Dies alles führte zu zahlreichen Missverständnissen, so dass Singer gerade im deutschsprachigen Raum sogar mehrmals öffentlich angefeindet wurde.

All diese umstrittenen Thesen ergeben sich aber ganz folgerichtig aus seinem utilitaristischen Ansatz. Zunächst lehnt Singer alle ethischen Begründungen ab, die auf so etwas wie Menschenwürde, Heiligkeit der Person oder ähnlichen Vorstellungen beruhen. Das bringe nur Unklarheiten in die Diskussion. Sein Ausgangspunkt ist die Leidensfähigkeit. Moralisch zu berücksichtigen sind demnach alle Lebewesen, die leiden können, und niemand wird ernsthaft bestreiten wollen, dass Tiere leiden können. An dieser Stelle führt Singer die Unterscheidung zwischen Bewusstsein und Selbstbewusstsein ein. Bewusstsein haben alle Lebewesen, die Leid empfinden können, Selbstbewusstsein haben nur solche, die sich als individuelle Person erfahren und Pläne machen können.

In Kants Moralphilosophie ist die Trennung zwischen Mensch und Tier fundamental, denn sie ist die Trennung zwischen Person und Sache, zwischen Würde und Preis, zwischen Selbstzweck und Verwertbarkeit. Bei Singer wird diese Grenze aufgeweicht, indem er einerseits manchen Tieren, wie vor allem den Menschenaffen, den Status einer Person zuteilt, während er andererseits manchen Menschen diesen Status abspricht, wie etwa Gehirntoten, Föten oder Neugeborenen. Diese sind zwar im biologischen Sinne Menschen, indem sie der Spezies Homo Sapiens angehören, sie sind aber im ethischen Sinne keine Personen, da sie kein Selbstbewusstsein haben und nicht die damit verbundene Leidensfähigkeit.

Singer bereichert den Utilitarismus mit seiner Theorie um die Richtung des Präferenz-Utilitarismus. Für ihn ist das einfache Modell der Maximierung von Lust und Minimierung von Leid unzureichend und zu statisch. Sie dürfen bei der Abwägung von Lust und Unlust nicht nur die aktuellen Empfindungen einfließen lassen, sondern müssen auch Erwartungen und Pläne berücksichtigen, eben die Präferenzen der betroffenen Individuen. Was heißt das konkret? Nehmen Sie ein Beispiel. Sie müssen abwägen, welchen von zwei Menschen Sie retten sollen, auf der einen Seite haben Sie einen rüstigen Siebzigjährigen, auf der anderen eine junge Frau von Zwanzig. Beide haben Freude am Leben und beide möchten weiterleben. Sie können aber nur einen retten. Wessen Interessen wiegen nach einer Abwägung der Lustsumme mehr? Singer sagt, dass die junge Frau wesentlich mehr Präferenzen hat, da sie noch viel mehr Möglichkeiten im Leben haben wird. Alle diese Ereignisse wie einen Studienabschluss, eine Partnerschaft, Kinder, Karriere oder Reisen hat sie als zu erwartende Lusterlebnisse noch vor sich, womit ihr vor dem Siebzigjährigen der Vorzug gehört.

7.6. Konfliktfälle

In der wirklichen Welt verhalten sich die Dinge oft anders als in der ethischen Theorie. Es kommt zum Beispiel gar nicht so selten vor, dass Sie eine Norm nicht erfüllen können, ohne eine andere zu verletzen. Sie haben Ihrem Freund das Versprechen gegeben, ihn niemals zu verraten. Jetzt erfahren Sie aber, dass er ein Verbrechen plant. Was zählt mehr: Ihr hoch und heilig gegebenes Versprechen oder der Schutz Unbeteiligter vor Schaden? Und macht es einen Unterschied, ob es sich nur um eine Gaunerei oder um einen geplanten Mord handelt?

Wann dürfen Sie einen Menschen töten? Ziemlich unkompliziert sind Fälle von Notwehr und auch von Nothilfe. Wenn Geiseln nicht anders gerettet werden können, als dadurch, dass der Geiselnehmer gezielt erschossen wird, können Sie argumentieren, dass der Täter ein Verbrechen begeht und darum gegenüber den unschuldigen Geiseln einen geringeren Anspruch hat. Sie geraten in solchen Fällen in Abwägungsfragen. Solange der Täter vielleicht auch durch Verhandlungen zum Aufgeben zu bewegen ist, werden Sie diesen Weg gehen. Erst wenn das Leben der Geiseln ernsthaft bedroht ist, wird man zum finalen Rettungsschuss schreiten. Aber wenn die Polizei zu lange wartet? Wenn Geiseln ums Leben kommen, weil die Einsatzkräfte eine gute Gelegenheit zum Schießen in der Hoffnung auf eine gewaltlose Lösung verstreichen ließen? Sie müssen in bestimmten Situationen entscheiden und handeln. Und es gibt Situationen, in denen es keine ideale Lösung gibt. Diese Verantwortung kann Ihnen niemand abnehmen.

Die Behandlung von Konfliktfällen hat ihren Ursprung in der Spieltheorie. Dort geht es meist darum, herauszufinden, welche Lösung bei einer Handlungsalternative die rationalste für den eigenen Vorteil ist, wie beim berühmten Gefangenendilemma. Gerne werden konstruierte Konflikte aber auch verwendet, um ethische Theorien zu prüfen, und dabei können speziell deontologische und teleologische Ansätze durchaus zu unterschiedlichen Lösungen kommen.

Es geht bei solchen Konflikten um Situationen, wo Sie nur die Wahl zwischen zwei Übeln haben und abwägen müssen, welches Übel Sie in Kauf nehmen. Ein klassisches Beispiel zielt auf eine Abwägung nach der Zahl der Betroffenen. Nehmen Sie an, ein Zug rollt auf eine Gruppe von zehn Menschen zu, die nicht ausweichen können. Sie haben die Möglichkeit eine Weiche zu stellen, so dass der Zug auf ein anderes Gleis geriete, wo nur ein Mensch überrollt würde. Was sollen Sie tun?

Kant und jeder Deontologe wird sagen, dass Sie einen Menschen keinesfalls opfern dürfen, denn die Tötung eines Menschen ist eine verbotene Handlung, mit ganz engen Ausnahmen wie Notwehr oder Nothilfe. Jeder Mensch ist Zweck an sich selbst, Menschen können nicht gegeneinander aufgerechnet werden. Ein Utilitarist könnte die Weichenstellung aber vielleicht für erlaubt halten.

Noch deutlicher wird der Unterschied, wenn Sie die Zahl der betroffenen Menschen vergrößern. Denken Sie an einen Konfliktfall, der in der politischen Diskussion immer wieder für Zündstoff sorgt. Ein von Terroristen entführtes Flugzeug steuert auf ein vollbesetztes Stadion zu, und die Terroristen drohen glaubhaft, die Maschine dort zum Absturz zu bringen. Da alle Verhandlungen ergebnislos blieben, steht die Regierung vor der Frage, ob das Flugzeug abgeschossen werden soll, solange es sich über freiem Gelände befindet, was zur Folge hätte, dass nicht nur die Terroristen, sondern auch zweihundert unschuldige Passagiere getötet würden. Im Stadion befinden sich zu dem Zeitpunkt 20.000 Menschen, die unmöglich rechtzeitig evakuiert werden können.

Ein deontologisch argumentierender Ethiker wie Kant wird den Abschuss wahrscheinlich ablehnen, da dies eine bewusste Tötung von Menschen wäre, und eine solche Handlung verboten ist. Außerdem besitzt jedes menschliche Leben als Selbstzweck einen unendlichen Wert. Ein Utilitarist würde das Leid von 200 Menschen und ihren Angehörigen dem von 20.000 und ihren Angehörigen gegenüberstellen, und dann vermutlich zu dem Ergebnis kommen, dass nach Abwägung der Glückssumme das Flugzeug abzuschießen wäre. Für die Gesamtsumme des Glücks ist dies das geringere Übel. Hier kommt noch unterstützend hinzu, dass er argumentieren kann, die zweihundert wären sowieso tot, da sie den Absturz nicht überleben würden, die 20.000 könnten aber gerettet werden.

Klingt dieses Argument auch einleuchtend, so stellt sich die Frage, wo eine Grenze zu ziehen ist. Wie viele Menschen dürfen geopfert werden, um wie viele zu retten? Und welche Handlungen darf ich begehen, um Unschuldige zu retten. Macht es einen Unterschied, ob Sie jemanden kurz und schmerzlos töten, oder ob er einen qualvollen Verbrennungstod erleiden wird?

In diesen Zusammenhang gehört das Problem der sogenannten Rettungsfolter. Ich möchte als Beispiel einen Fall aufgreifen, der vor einigen Jahren tatsächlich die Gerichte beschäftigt hat. Es geht um einen Kidnapper, der ein Kind entführt hat. Als die Polizei ihn festnimmt, ist das Kind noch nicht gefunden, und man muss davon ausgehen, dass es noch lebt, vielleicht aber unter lebensbedrohenden Umständen mit begrenztem Sauerstoffvorrat. Der Täter ist nicht bereit, den Aufenthaltsort zu verraten. Was soll, was darf der Ermittler tun?

Der Konflikt besteht darin, dass Folter eindeutig verboten ist, dass das Kind aber vielleicht noch gerettet werden kann. Im tatsächlichen Fall war das Kind bereits unmittelbar nach der Entführung ermordet worden, und dem Täter wurde Folter nur angedroht. Dennoch war das Echo in der Öffentlichkeit sehr groß. Sie können das Beispiel aber in Gedanken weiter spinnen, um den entscheidenden Konflikt herauszustellen.

Stellen Sie sich vor, Sie sind der Ermittler und entscheiden sich dafür, sich an das Folterverbot zu halten. Der Täter bleibt in Haft, gibt aber keine Informationen preis. Nach zwei Tagen wird das Kind gefunden und die Obduktion beweist, dass es zum Zeitpunkt des Verhörs noch lebte. Haben Sie richtig gehandelt?

Stellen Sie sich jetzt vor, Sie wollen das Kind wenn irgend möglich retten. Sie drohen dem Täter. Vielleicht lassen Sie ihn nicht schlafen. Oder Sie verprügeln ihn sogar. Wie weit wären Sie bereit zu gehen? Soweit wie die Folterknechte eines totalitären Regimes? Nehmen Sie an, der Täter gibt unter der Folter auf, und das Kind wird im letzten Moment gerettet. Haben Sie richtig gehandelt? Und wo ist wiederum die Grenze? Wenn es um das Leben eines Kindes geht? Oder auch, wenn es um das Leben eines Verbrechers geht? Oder vielleicht schon, wenn die Gesundheit eines Kindes bedroht ist?

Sie können sich die Fragen beantworten, oder sie stehen lassen und hoffen, dass Sie nie in eine solche Situation geraten werden. Ich möchte hier nur darauf beharren, dass es Situationen gibt, in denen keine klare und beste Lösung existiert, - was auch bedeutet, dass Sie als Handelnder aus einer solchen Situation nicht unbeschadet herauskommen können. Einfach zu sagen, Folter ist verboten, basta, und den Tod des Kindes als tragischen Kollateralschaden hinzunehmen, ist eben so zynisch, wie ohne Skrupel zu sagen, dann müssen wir ihm eben notfalls die Fingernägel ausreißen.

7.7. Genealogie und Selbstformung statt Ethik

Der Vorwurf des naturalistischen Fehlschlusses trifft Moralbegründungen, die ethische Verbindlichkeiten aus Tatsachen ableiten wollen. Dieser Vorwurf gilt aber nicht, wenn gar keine Verbindlichkeit behauptet wird. Eine solche Position unterscheidet sich auch vom Egoismus oder Relativismus, da ja generell bestritten wird, dass es überhaupt ein Sollen gibt. Für die Ethik bleibt dann nur der deskriptive Teil übrig.

Solche Generalangriffe auf die Ethik entstanden im 19. Jahrhundert. Als prominentes Beispiel bietet Karl Marx sich an, der moralische Systeme in Abhängigkeit von gesellschaftlichen und ökonomischen Verhältnissen sieht. Das Sein bestimmt das Bewusstsein, sagt Marx. Moral gehört ebenso wie die Religion zum bloßen Überbau, der dazu dient die bestehenden Herrschaftssysteme zu stärken und zu rechtfertigen. Zumindest der junge Marx hält diesen Ansatz aber nicht konsequent ein, da er den Kampf gegen die bestehende Ausbeutung mit Berufung auf einen emphatischen Begriff von Menschlichkeit begründet. Der neue kategorische Imperativ bestehe darin, alle Verhältnisse umzustürzen, in denen der Mensch vom Menschen geknechtet werde. Hier wird ein expliziter moralischer Anspruch erhoben, der sich mit der Theorie vom Überbau kaum in Einklang bringen lässt. Doch auch in seiner späteren Phase argumentiert Marx nicht nur mit den Gesetzlichkeiten der Geschichte und der Ökonomie, sondern er lässt Wertungen einfließen. Die bestehende Moral wird gewissermaßen als nicht moralisch kritisiert, wobei aber eben ein moralischer Standpunkt vorausgesetzt wird.

Konsequenter ist Friedrich Nietzsche, der Moral durch Genealogie ersetzt. Exemplarisch entwickelt er seine Theorie am Beispiel der Entstehung der christlichen Moral, die er der heidnischen Moral der Griechen gegenüberstellt. Nietzsche spricht von Sklavenmoral. Alle

Werte, die vorher galten, wie Mut oder Großzügigkeit, werden jetzt zu Lastern umgedeutet. Werte oder Tugenden an sich gibt es nicht, die jeweils vertretenen Werte sind Ausdruck eines bloßen Willens zur Macht, den Nietzsche als den entscheidenden Antrieb hinter allem menschlichen Handeln identifiziert haben will.

Nietzsches Entlarvungen angeblich moralischen Handelns sind Musterbeispiele psychologischer Raffinesse, denn er findet in jeder selbstlosen Handlung ein selbstsüchtiges Motiv, und sei es die Hoffnung auf jenseitige Belohnung. Nietzsche nennt diese Betrachtungsweise die Perspektive des bösen Blicks.

Moralische Normen werden nicht einfach relativiert, sondern die Moral als solche wird als Funktion außermoralischer Kräfte betrachtet. Sie dient in dieser Perspektive nur dazu, Machtstrukturen zu festigen oder zu verändern. Der Wille zur Macht ist für Nietzsche noch grundlegender als das Verlangen nach Selbsterhaltung. Die Suche nach Macht kann jemanden sogar dazu bringen, sich selbst zu opfern. Gerade im Selbstopfer kann eine eminente Machtbehauptung liegen. Wer würde das besser veranschaulichen als gerade die Religionen. Doch auch Askese und Selbstaufgabe sind aus dieser Perspektive Ausdruck von Macht, denn Macht kann sich auch nach innen richten. Und besitzt nicht der, der nichts mehr besitzt und auch nichts besitzen will, eine besonders große Macht? Er ist nicht erpressbar und nicht käuflich. Doch damit nicht genug. Betrachten Sie unter dieser Voraussetzung die Beziehung zwischen einem bettlägerigen Schwerkranken und seinem Pfleger. Der Todkranke kann den Gesunden unter Umständen regelrecht tyrannisieren. Denn nichts ist wirksamer, als die Macht, die durch das Erzeugen von Schuldgefühlen ausgeübt wird.

Später hat Michel Foucault (1926-1984) diesen Ansatz Nietzsches weiterverfolgt und in der Analyse menschlicher und gesellschaftlicher Beziehungen perfektioniert. Das ganze gemeinschaftliche Leben ist durchdrungen von vielfältigen Machtstrukturen. Das gilt nicht nur für den politischen Bereich, sondern für jede Beziehung, sei es zwischen Lehrern und Schülern, sei es sogar zwischen Liebenden.

Alles lässt sich als Machtverhältnis beschreiben. Und gerade die Machtstrukturen, die als scheinbare Befreiung daherkommen, in Wahrheit aber eine Verinnerlichung der Macht darstellen, erweisen sich als die stabilsten. Die Menschen müssen zu nichts mehr gezwungen werden, weil sie es freiwillig tun, da die Macht in ihren Köpfen angekommen ist.

Doch auch Nietzsche muss sich fragen lassen, von welchem Standpunkt aus sein Projekt einer Kritik und Umwertung der bestehenden Werte ausgeführt werden soll. Nietzsche versucht eine ethische Verankerung zu vermeiden, indem er ins Feld des Ästhetischen ausweicht. In seinem Projekt des Übermenschen unterzieht der Mensch sich einer Selbstformung, einer Ausgestaltung seiner selbst als einer Art Gesamtkunstwerk. Und hier gerät Nietzsche in eine deutliche Parallele zur griechischen Tugendethik. Was auf den ersten Blick nach amoralischem Egoismus aussieht, ist bei näherem Hinsehen ein Angriff auf die selbstzufriedene Moralität der angeblichen Guten, die vergessen haben, wo ihre Werte ihren Ursprung haben. Nietzsche plädiert für eine schöpferische Haltung, die gleichzeitig Spiel und Wagnis ist, und die sich selbst als Einsatz riskiert. Der Mensch mit allen seinen Regungen und Wünschen wird anerkannt, ohne nach Gut und Böse zu trennen. Stattdessen soll der Mensch sich in voller Bejahung all seiner Dimensionen entfalten. An die Stelle von Pflicht und Schuld tritt die schenkende Tugend, wie Nietzsche dies nennt.

Auch hier folgt Foucault in bewusstem Rückbezug auf die Ethik der Antike dem gleichen Gedanken. Er bringt dies auf die Formel der Sorge um sich. Statt alternativlos dem christlich geprägten Konzept der Selbstlosigkeit zu folgen, das all unsere Moralvorstellungen durchtränkt hat, rückt Foucault das Projekt Lebenskunst in den Mittelpunkt. Statt sich an Ideen auszurichten und sich ihnen zu unterwerfen, plädiert er für die Freiheit, sich als etwas Neues und Einzigartiges zu entwerfen, und sich so zu behaupten, ohne anderen etwas aufzuzwingen.

8. Politische Philosophie

8.1. Vom Naturrecht zur Vertragstheorie

Die Praktische Philosophie umfasst mehr als die Ethik im eigentlichen Sinne. Aus ihr entwickelten sich zusätzliche Disziplinen, die ebenfalls den Bereich des Sollens betreffen, die Politische Philosophie, manchmal auch als Staatsphilosophie bezeichnet und die Rechtsphilosophie, wobei es hier starke Überschneidungen gibt. Es geht um die Regeln der menschlichen Gemeinschaft und darum, wie Staaten und Gesetze beschaffen sein sollen. Im Mittelpunkt steht dabei die Idee der Gerechtigkeit.

Jede Politische Philosophie baut auf einem bestimmten Bild des Menschen auf. Plakativ gesprochen steht hier die Frage im Hintergrund, ob der Mensch von Natur aus gut oder böse ist. Geht es darum, das Potential des Menschen zu befreien und auf eine bessere Welt hinzuarbeiten, oder sollte der Schutz des Menschen vor seinesgleichen am Anfang stehen.

Das klassische Naturrecht

Von Aristoteles stammt die klassische Formel vom Menschen als *zoon politikon*, als politischem oder gesellschaftlichem Tier. Demnach ist der Mensch von Natur aus ein gesellschaftliches Wesen, das sich nur im Staat voll entfalten kann. Menschen schließen sich zu Gemeinschaften zusammen, da sie anders gar nicht wirklich leben können. Als Einzelwesen kann der Mensch vielleicht überleben, er kann aber kein gutes Leben führen. Für Aristoteles beinhaltet das mehrere Bezüge, es sind die Beziehungen von Mann und Frau, Eltern und Kindern, die Beziehung zwischen den Freien und Gleichen, und schließlich die zwischen Herr und Knecht. Sie können die patriarchalischen und feudalen Elemente aus diesen Bestimmungen entfernen, es bleibt aber die Tatsache, dass für Aristoteles und die ganze ihm folgende Politische Philosophie von einer generellen Gleichheit der

Menschen noch keine Rede sein kann. Die Gleichheit aller Menschen ist eine ziemlich junge Erfindung.

Das Denken der Antike und des Mittelalters orientierte sich an der Vorstellung eines Naturrechts, der Idee, dass es ein von Natur Rechtes geben müsse. Diese Idee entstand in der griechischen Sophistik aus der Erfahrung, dass in einzelnen Staaten und bei verschiedenen Kulturen ganz unterschiedliche Staatsmodelle existierten und ganz unterschiedliche Gesetze bestanden. Die Gesetze standen zwischen Allgemeingültigkeit und Willkür. Das Gesetz ist im griechischen der *Nomos*, das Gesetzte oder das Erlassene. Dem steht als *Physis* die Idee eines Naturrechts gegenüber. In der christlichen Philosophie wurde dieses natürliche Recht zum göttlichen Gesetz. Gott hat die Welt nach seinem Gesetz eingerichtet, die Menschen sollen sich bemühen, dieses göttliche natürliche Gesetz zu erkennen.

Naturzustand und Gesellschaftsvertrag

Mit Beginn der Neuzeit änderte sich die Grundlage des politischen Denkens. Im Hintergrund standen dabei die Erfahrungen der Religions- und Bürgerkriege in fast allen europäischen Staaten. Herrscher oder Adel, beide beriefen sich darauf, die natürliche göttliche Ordnung zu vertreten, die von der jeweils anderen Seite angeblich verletzt wurde. Katholiken oder Protestanten, beide behaupteten die wahre Ordnung zu vertreten.

Im England des 17. Jahrhunderts wagt Thomas Hobbes (1588-1679) einen radikalen Neuanfang, indem er eine Politische Philosophie entwirft, die keinerlei transzendente Annahmen voraussetzt, und in der es zunächst nicht einmal eine Idee von Gerechtigkeit gibt. Hobbes macht dazu ein Gedankenexperiment. Er fragt, wie es wohl wäre, wenn es keinen Staat und überhaupt keine Gemeinschaft unter den Menschen gäbe. In einem solchen Naturzustand leben alle Menschen für sich und versuchen zu überleben.

Von Natur aus sind die Menschen Individuen mit einem bloßen Überlebenswillen. Und sie sind alle gleich. Hobbes weiß natürlich, dass die Menschen ganz unterschiedlich klug oder stark sind, doch das ist nicht entscheidend. Die Gleichheit der Menschen begründet er damit, dass selbst der Schwächste in der Lage ist, den Stärksten zu töten, wenn er es nur listig genug anstellt. Da die Menschen in ständiger Konkurrenz zueinander stehen, und da niemand dem anderen trauen kann, wird das Leben im Naturzustand zu einem Krieg aller gegen alle. Von kultureller oder wirtschaftlicher Entwicklung kann keine Rede sein, nicht einmal von persönlicher Sicherheit, da alles, was ich gewinne und habe, jederzeit gefährdet ist. Es gibt keine öffentliche Versorgung, keine Infrastruktur, keine Polizei. Das Leben im Naturzustand wird von Angst beherrscht. Es ist „einsam, armselig, ekelhaft, tierisch und kurz“, sagt Hobbes in seinem Hauptwerk, dem „Leviathan“.

Ist der Mensch also von Natur aus böse? Eine solche Interpretation wäre ein Missverständnis. Denn alles Misstrauen und alle Gewalt des Naturzustandes haben ihren Ursprung einzig und allein in der Selbsterhaltung des Individuums. Allein um mich selbst zu schützen, muss ich jeden anderen Menschen als möglichen Feind betrachten, und selbst wenn Sie sich friedlich und freundlich geben, kann ich nicht wissen, ob Sie mich nicht vielleicht nur täuschen.

Die Basis der Politischen Philosophie der Neuzeit ist die Selbsterhaltung jedes Einzelnen. Es gibt im Naturzustand noch kein Recht, weder ein staatliches, noch ein natürliches. Das erstere setzt einen Staat und einen Gesetzgeber voraus, das letztere ist nur eine Illusion, ein frommer Wunsch. Doch wenn es kein objektives Recht gibt, dann hat jeder subjektiv ein Recht auf alles. Denn ich habe das Recht alles zu tun, was meine Selbsterhaltung erfordert, wenn es sein muss, auch mit Gewalt.

Da der Naturzustand jedoch zwangsläufig ein Kriegszustand ist, gebietet es uns die eigene Vernunft, diesen Zustand zu beenden. Wir schließen einen Vertrag miteinander, indem wir alle wechselseitig auf unser unbegrenztes, aber nutzloses Recht verzichten, und es auf einen Souverän übertragen, der jetzt allgemeingültige Gesetze erlassen und für ihre Durchsetzung sorgen kann. Erst mit der Einsetzung eines Staates gibt es Recht im eigentlichen Sinn. Der Souverän als

Inhaber der Staatsgewalt setzt das Recht und ist selber keinem anderen Recht unterworfen. Hobbes beschreibt diesen Staat als künstlichen Gott, und vergleicht ihn mit dem biblischen Ungeheuer Leviathan.

Jeder Staat ist besser ist als die Anarchie des Naturzustandes behauptet Hobbes. Doch auch wenn der Souverän die gesamte Gewalt im Staat verkörpert, so ist seine Macht nicht grenzenlos. Seine Begründung nämlich ist die Selbsterhaltung des Individuums und dies wird auch so bleiben. Der Staat verliert seine Legitimität, das heißt seine Rechtmäßigkeit, wenn er das Prinzip der Selbsterhaltung missachtet. Denn dann entfällt die Voraussetzung seiner Gründung. Die Alternative ist jedoch der Bürgerkrieg. Hobbes stellt das politische Denken damit auf eine neue Basis. Der Bezugspunkt staatlicher Normativität ist nicht mehr eine natürliche oder göttliche Ordnung, der Bezugspunkt ist jetzt das einzelne Individuum.

Auf dieser Grundlage entwirft John Locke den klassischen Liberalismus. Locke nimmt ebenfalls einen Naturzustand an, doch greift er die Idee des Naturrechts wieder auf. Bei Locke gibt es bereits vor dem Staat wieder ein Recht, das von Natur aus gilt, und das über dem staatlichen Recht steht. Da für Locke aber ebenfalls jede Begründung beim Individuum ansetzen muss, ist auch dieses natürliche Recht ein individuelles Recht. Damit wird John Locke zum Begründer der Menschenrechte. Das natürliche Recht zeigt sich jetzt in Gestalt von vorstaatlichen Menschenrechten. Bei Locke sind dies: das Recht auf Leben, auf Freiheit und auf Eigentum. Diese Rechte sind angeboren, unveräußerlich und sie gelten für alle Menschen in gleicher Weise. Sie werden zum Maßstab des Staates, weshalb es die oberste Aufgabe des Staates ist, die natürlichen Rechte zu schützen.

Menschenrechte werden bei Locke als Abwehrrechte verstanden. Jeder Mensch besitzt diese Rechte automatisch mit seiner Existenz. Aus dieser Theorie entstanden die klassischen Freiheitsrechte, wie sie zum ersten Mal in der amerikanischen Unabhängigkeitsbewegung formuliert wurden, und wie sie auch heute noch der Menschenrechtserklärung der UNO zu Grunde liegen. Ob Sie Gewissensfreiheit,

Meinungsfreiheit, Religionsfreiheit oder Freizügigkeit nennen, es geht immer darum, einen ursprünglichen Bestand zu schützen.

Dem stehen die sogenannten sozialen Rechte gegenüber, wie ein Recht auf Bildung, ein Recht auf Arbeit oder ein simples Recht auf Nahrung und Wohnung. Solche Rechte müssen nicht einfach nur geschützt werden, zu ihrer Verwirklichung ist es erforderlich, dass der Staat Leistungen erbringt. Man bezeichnet solche Rechte deshalb als Anspruchsrechte, und es gab und gibt viele Theoretiker, die diesen Rechten den Status von Menschenrechten absprechen oder sie zumindest als Menschenrechte zweiter Ordnung verstehen.

Ein scharfer Kritiker des liberalen Menschenrechtsverständnisses ist Karl Marx. Für ihn sind die Menschenrechte ein leeres Versprechen, das soziale Probleme nicht nur nicht löst, sondern sogar verschärft. Marx kritisiert, dass die Menschenrechte an der bestehenden Ungerechtigkeit einer Gesellschaft nichts ändern. Der Staat des Kapitalismus schützt in Wahrheit nur die Besitzenden. Es kostet ihn nämlich nichts, auch den Besitzlosen die natürlichen Menschenrechte zuzugestehen. Bittet der Arme um Hilfe, so antwortet ihm der Kapitalist, dass er ihn ja nicht daran hindere, ebenfalls reich zu werden. Er hat jederzeit das Recht, eine Firma zu gründen, oder eine eigene Zeitung, um seine Meinung zu verbreiten. Der Arme und der Reiche haben beide das Recht auf Schutz ihres Eigentums, nur dass der Arme eben kein Eigentum besitzt. Daraus folgt, dass der Staat nicht die bestehenden Verhältnisse beschützen, sondern gerechte Verhältnisse allererst herstellen soll.

Marx steht dabei auf den Schultern von Jean Jacques Rousseau (1712-1778), der ebenfalls eine Theorie des Naturzustandes und einen Gesellschaftsvertrag entwarf. Im Gegensatz zu Locke und vor allem zu Hobbes sind die Menschen in Rousseaus Naturzustand keine bloß eigennützigen Individuen, die nur in Konkurrenz zueinander stehen, sondern sie sind vom Gefühl des Mitleids geprägt. Staat und Zivilisation haben den Menschen zwar Kultur gebracht, sie haben sie aber zugleich verdorben. Die Vermehrung des Eigentums ist keine segensreiche Entwicklung wie im Liberalismus, sondern mit der Bildung des Eigentums begann die Korrumpierung des Menschen. Der Staat, der aus dem neuen Gesellschaftsvertrag hervorgehen soll, hat die Aufgabe, die anfängliche Freiheit der Menschen auf einer höheren Ebene wiederherzustellen.

Bei Locke und im Liberalismus treffen im Staat unterschiedliche Interessen aufeinander. Der Ausgleich zwischen ihnen wird gefunden, indem mittels Wahlen über die Regierung des Staates entschieden wird. Die Interessen werden als faktisch hingenommen und nicht gewertet. Rousseau bringt den Gedanken des richtigen Interesses in die Diskussion ein. In seinem Hauptwerk „Der Gesellschaftsvertrag" fordert er, dass der Staat so beschaffen sein muss, dass jeder Einzelne nur seinem eigenen Gesetz gehorcht. Wie kann so etwas funktionieren? Indem zwischen einem tatsächlichen und einem eigentlichen Interesse des Bürgers unterschieden wird. Rousseau leistet dies mit seiner Erfindung des *volonté générale*, des allgemeinen Willens. Dieser allgemeine Wille will immer das Richtige, und das würde auch jeder einzelne wollen, wäre er nur wirklich frei. Denn die tatsächlichen Interessen der Menschen sind unter Umständen gar nicht ihre wirklichen Interessen, da sie sich täuschen, oder vielleicht sogar von mächtigen Gruppen getäuscht werden. Es mag sein, dass jemand gerne raucht, aber nur, weil er von anderen oder von der Werbung dazu verführt wurde. Wäre er wirklich frei, hätte er das richtige Bewusstsein, so wüsste er, dass er damit seiner Gesundheit schadet, und würde es auch nicht mehr wollen. Nach diesem Modell müssen die Menschen nicht mehr nur voreinander geschützt werden, es gilt jetzt sogar den Menschen vor sich selbst zu schützen.

Für die politische Entscheidung bedeutet dies, dass eine einfache Wahl nicht mehr der Weisheit letzter Schluss sein kann, da dadurch ja nur faktische Interessen abgebildet werden. Eine Wahl, bei der die Entscheidung einfach per Mehrheitsentscheidung fällt, kann somit durchaus falsch sein. Da es eine richtige Lösung geben muss, nämlich diejenige, die dem allgemeinen Willen entspricht, müssen auch alle Menschen diese Lösung als die richtige einsehen. Wenn sie nur endlich überzeugt würden. Das Ideal von Rousseaus Demokratie ist der

Konsens an Stelle der Konkurrenz. Wenn man davon überzeugt ist, den allgemeinen Willen zu vertreten, kann man sich nicht damit zufrieden geben, dass man die Mehrheit gewonnen hat, man muss den Gegner zur eigenen Einsicht bekehren. Man muss notfalls sogar gegen seinen faktischen Willen, aber in seinem eigenen Interesse, für ihn entscheiden, und ihn so zu seinem Glück zwingen. Eine solche Formulierung, dass man jemanden unter Umständen zu seiner Freiheit zwingen muss, findet sich wörtlich bei Rousseau.

Rechtsstaat und Demokratie

Im Denken der Antike und des Mittelalters war die Praktische Philosophie durch die Tugendethik geprägt. Im Zentrum des Interesses stand der Charakter des guten Menschen. Ist der Mensch tugendhaft, so ist auch sein Handeln gut. Und wie im privaten so gilt dies auch im öffentlichen Handeln. Es kommt also darauf an, den Herrscher zum tugendhaften Herrscher zu bilden. Dann brauchte man sich über die Ausgestaltung des Staates keine Sorgen mehr zu machen.

Im neuzeitlichen Denken ändert sich die Perspektive. An die Stelle des guten Herrschers tritt die gute Verfassung. Charaktereigenschaften werden durch Verfahrensregeln ersetzt. Darin kommt auch ein gewisser Pessimismus im Gefolge der Hobbesschen Theorie zum Ausdruck. Das Motiv der Fürstenerziehung spielt zwar bis in 18 Jahrhundert hinein immer noch eine gewisse Rolle, doch ruht auf dem weisen Herrscher immer weniger Hoffnung.

Die bessere Methode ist es, den Staat so einzurichten, dass der Charakter des Herrschers gar keine Rolle mehr spielt. Es ist daher nur konsequent, wenn Locke die Gewährleistung von Grundrechten durch das Prinzip der Gewaltenteilung ergänzt. Mit diesen beiden Grundsätzen beginnt der moderne Rechts- und Verfassungsstaat. Die Institutionen des Staates sollen so konstruiert werden, dass es gar keine Rolle mehr spielt, wer sie besetzt. Kant bringt das auf die Formel, dass ein Staat so eingerichtet werden soll, dass er auch bei einem Volk von Teufeln noch funktionieren würde.

Die Gewaltenteilung wird bei Locke zum ersten Mal entworfen und einige Jahre später von dem französischen Staatsphilosophen Charles de Montesquieu (1689-1755) in seine bis heute geltende klassische Form gebracht, indem er die gesetzgebende und die ausführende Gewalt um eine unabhängige richterliche Gewalt ergänzt. Montesquieu sieht sehr klar, dass dies zu einer gegenseitigen Hemmung der einzelnen Gewalten führen kann. Er nimmt dies aber mit Absicht in Kauf und schreibt sogar von Ketten, mit denen die Gewalten aneinander gebunden werden, wodurch sie zu langsamem Voranschreiten gezwungen sind. Die begrenzten Befugnisse und die gegenseitige Kontrolle sind notwendig, um Machtmissbrauch zu verhindern. Die Regeln des politischen Lebens werden in einer Verfassung niedergelegt und den Bürgern werden Grundrechte garantiert. Darin besteht das Wesen des Rechtsstaates.

Die Demokratie kommt als zusätzliches Prinzip hinzu, sie ist aber nicht mit dem Rechtsstaat identisch, wie oftmals geglaubt wird. Es kann durchaus vorkommen, dass die Verfassung oder die Rechte von Minderheiten gegen einen demokratischen Mehrheitswillen geschützt werden müssen.

Rechtspositivismus oder Menschenrechte

Im Laufe des 19. Jahrhunderts wurde die Vorstellung eines natürlichen Rechts weitgehend wieder beerdigt. Das Recht zeigt sich in Form von Institutionen, sagte Hegel. Und war es denn nicht wirklich so, dass die fortschreitende Entwicklung der Zivilisation mit einer Ausgestaltung des Rechtsstaats einherging? Immer mehr Staaten gaben sich Verfassungen, bürgerliche Freiheiten wurden gewährleistet. Die Idee eines Naturrechts wirkte seltsam antiquiert, und auch seine modernisierte Fassung als Menschenrechte wurde damit umgesetzt, dass sie als Grundrechtskataloge verwirklicht wurden. Recht ist das, was per Gesetz erlassen ist, so lautet der Grundsatz des Rechtspositivismus. Der allgemeine Rechtsstaat war nur noch eine Frage der Zeit, so schien es.

Die Erfahrungen mit den totalitären Regimen des 20. Jahrhunderts, in denen schreiendes Unrecht als Recht kodifiziert wurde, in denen Rassismus oder Schauprozesse zum Alltag wurden, ließen diesen Traum platzen. Die Erfahrung, dass sowohl staatliche Institutionen, wie auch der Inhalt von Gesetzbüchern Unrecht verkörpern können, führte die Idee, dass Recht nur als positives Recht bestehen kann, ad absurdum. Die Menschen brauchen einen Maßstab, mit dem sie positives Recht als Unrecht verurteilen können.

Deshalb wurde nach dem Ende des 2. Weltkriegs die Idee unveräußerlicher Menschenrechte wieder aufgegriffen, die in der Menschenrechtserklärung durch die Vereinten Nationen 1948 ihren Ausdruck fand. Die Menschenrechte sind in der politischen Theorie der Gegenwart der letzte gemeinsame Nenner der globalisierten Welt. Und weil dies so ist, versuchen alle, die Idee der Menschenrechte für sich in Anspruch zu nehmen. Wurde die Idee in den Zeiten des kalten Krieges zwischen den Fronten des Ost-West-Gegensatzes zerrieben, wo den liberalen Freiheitsrechten die sozialen Rechte entgegengehalten wurden, so sind die Menschenrechte heute in den Streit zwischen verschiedenen Kulturtraditionen geraten.

In Frage gestellt wird damit die universelle Geltung dieser Idee. Sind die Menschenrechte ein allgemeinverbindlicher Anspruch, den alle Menschen mit Vernunft einsehen und vertreten können, oder sind die Menschenrechte Ausdruck eines spezifisch europäisch-westlichen Weltbildes, dass nun allen Kulturen übergestülpt werden soll. Hier stoßen Sie im globalen Rahmen wieder auf das Problem der Relativität normativer Konzepte.

8.2. Das Prinzip Gerechtigkeit

Der Philosoph und Ökonom Amartya Sen (geb. 1933) erzählt am Beginn seines Buches über Gerechtigkeit die Geschichte von drei Kindern und einer Flöte, um die Probleme mit dem Begriff der Gerechtigkeit zu veranschaulichen. Anne, Bob und Carla streiten sich um eine Flöte. Anne beansprucht sie für sich, da sie die einzige ist, die das Instrument spielen kann. Bob wünscht sich die Flöte, da er im Gegensatz zu den beiden anderen so arm ist, dass er keine Spielsachen hat, mit der Flöte hätte auch er etwas zum Spielen. Carla schließlich weist darauf hin, dass sie in monatelanger Arbeit die Flöte eigenhändig gebaut hat. Jedes der drei Kinder hat damit einen einleuchtenden Grund, warum die Flöte gerade ihm gehören sollte. Aber wer von den dreien soll sie nun bekommen? Was wäre die gerechte Lösung?

Sen bietet keine Patentlösung an. Er sagt, dass viele Moralphilosophen wahrscheinlich eine Lösung präsentieren würden, aber je nachdem, welche Richtung sie vertreten, ob sie Utilitaristen, Liberale, Egalitarier oder etwas anderes wären, sähe sie bei jedem anders aus.

Die Idee der Gerechtigkeit ist wahrscheinlich einer der schillerndsten Begriffe der Philosophie. Niemand wird von sich behaupten wollen, er sei ungerecht und dennoch ist es so schwer, sich auf eine gerechte Lösung zu einigen. Meist ist es so, dass die Frage nach der Gerechtigkeit von denjenigen aufgeworfen wird, die sich ungerecht behandelt fühlen. Man bezeichnet eine Zustand oder ein Gesetz als ungerecht, wenn man sich selbst davon benachteiligt fühlt.

Gerechtigkeit hat Unparteilichkeit zur Voraussetzung. Deshalb wird die Gerechtigkeit traditionell mit verbundenen Augen dargestellt. Ohne Ansehen der Person soll Gerechtigkeit geübt werden, sei es vor Gericht, oder sei es bei der Frage nach der Zuteilung materieller Güter, der heute so oft diskutierten Frage nach der sozialen Gerechtigkeit.

Für Platon ist Gerechtigkeit die oberste der Kardinaltugenden, die dann gegeben ist, wenn alle anderen Tugenden im rechten Maß zueinander stehen. Jedem das Seine, so lautet Platons Grundsatz.

Aristoteles trifft eine grundlegende Unterscheidung, wenn er die Gerechtigkeit in zwei Prinzipien aufteilt: in die austeilende und die ausgleichende Gerechtigkeit. Die austeilende Gerechtigkeit verteilt die Güter nach der Leistung, die jeder eingebracht hat. Nehmen Sie zum Beispiel an, Sie haben einen Umzug zu organisieren und haben drei Helfer angeheuert. Helfer A packt kräftig zu und übernimmt auch schwierige Arbeiten, Helfer B tut immer, was man ihm sagt, aber nicht mehr, und Helfer C versucht sich zu drücken, wo er kann, und tut meist nur so, als würde er helfen. Wäre es gerecht, jedem den gleichen Lohn zu geben? Nach dem Prinzip der austeilenden Gerechtigkeit müsste A den höchsten und C den niedrigsten Lohn bekommen. Ganz anders verhält es sich bei der Aufteilung einer Geburtstagstorte. Hier findet das Prinzip der ausgleichenden Gerechtigkeit seine Anwendung, der gemäß jeder ein möglichst gleich großes Stück von der Torte erhalten soll.

In beiden Fällen könnte sich jemand bei anderer Zuteilung darüber beschweren, sie sei ungerecht. Nehmen Sie jetzt das Beispiel zweier Bergwanderer. Wanderer A packt einen reichhaltigen Vorrat in seinen Rucksack, weswegen er schwer zu tragen hat. Wanderer B nimmt nur eine kleine Tasche mit, damit er sich nicht zu sehr anstrengen muss. Nach der Hälfte der Wanderung hat er seinen Vorrat aufgegessen und ausgetrunken und auf dem Gipfel ist er durstig und sieht wie A noch immer Vorräte hat. Er beklagt sich, dass es ungerecht sei, dass A ihm nichts abgibt, da er noch genügend hat. A wiederum wirft B vor, sich ungerecht zu verhalten, da er ja viel mehr Mühe hatte und deshalb die Vorräte ihm allein zustehen. Was ist gerecht?

Das Prinzip der Gerechtigkeit gehört zu den Grundbedingungen einer funktionierenden Gesellschaft. Lebten wir in einem idealen Staat mit unbegrenzten Ressourcen, dann könnte Marx‘ berühmte Formulierung: „Jeder nach seinen Fähigkeiten, jedem nach seinen Bedürfnissen“ vielleicht ihre Anwendung finden. Doch in tatsächlichen Staaten sind die Ressourcen beschränkt und es kann als unmöglich betrachtet werden, alle Interessen und Wünsche zur allgemeinen Zufriedenheit in Einklang miteinander zu bringen.

Den einflussreichsten Vorschlag zur Verwirklichung der Gerechtigkeit in unserer Gegenwart legte John Rawls (1921-2002) in seinem Buch „Theorie der Gerechtigkeit" vor. Rawls unternahm als erster seit vielen Jahren wieder den Versuch, objektive Maßstäbe für eine gerechte Gesellschaft zu entwerfen, die auch unter den Bedingungen des Pluralismus und der ökonomischen und kulturellen Vielgestaltigkeit moderner Gesellschaften funktionieren können.

Rawls bestimmt Gerechtigkeit als Fairness und befasst sich vor allem mit sozialer Gerechtigkeit. Die Regeln, die in einer gerechten und fairen Gesellschaft gelten, müssen so beschaffen sein, dass alle vernünftigen Mitglieder sie befürworten können, das heißt, es müssen die Interessen aller einbezogen werden. Nur dann kann die Gesellschaft zum gegenseitigen Vorteil funktionieren.

Um dies zu gewährleisten, knüpft Rawls an die Vertragstheorien der Neuzeit an und entwirft als Ausgangsposition einen fiktiven Urzustand, in dem alle Mitglieder einer Gesellschaft über die Gesetze und sozialen Bedingungen dieses Gemeinwesens entscheiden können. Damit eine unparteiische Entscheidung möglich ist, verlangt Rawls einen Schleier des Nichtwissens. Die Teilnehmer sollen die Regeln einer Gesellschaft entwerfen, ohne zu wissen, welchen Platz sie selbst hinterher in dieser Gesellschaft einnehmen werden. Niemand darf wissen, welcher sozialen Schicht er angehört, welches Geschlecht oder Alter, welche Intelligenz oder Körperkraft er hat. Es ist durchaus denkbar, dass jemand sich nach der Aufhebung des Schleiers auf dem letzten Platz vorfindet. Eine extreme Klassengesellschaft würde aus diesem Grund zum Beispiel ausscheiden, da dies ein reines Lotteriespiel wäre und ein Großteil der Gesellschaftsmitglieder sich in sehr ungünstigen Umständen wiederfinden würde.

Die Gesellschaftsordnung, die unter diesen Bedingungen von einer Mehrheit gewünscht wird, muss also so beschaffen sein, dass sie auch für die Ärmsten und Unterprivilegiertesten noch akzeptabel ist und ein einigermaßen gutes Leben mit Aufstiegschancen ermöglicht.

Aber warum soll es überhaupt Ungleichheiten geben? Rawls sagt, dass die Verteilung natürlicher Fähigkeiten weder gerecht noch ungerecht, sondern einfach eine Tatsache der Natur ist. Es würde den weniger Begünstigten bestimmt nichts nützen, wenn man die Fähigkeiten der Begabten beschneiden würde, dies würde im Gegenteil eher die Lebensbedingungen für die Gesamtheit gefährden.

Auf der Basis dieser Voraussetzung gelangt Rawls zu zwei Gerechtigkeitsgrundsätzen: dem Freiheitsprinzip und dem Unterschiedsprinzip. Nach dem Freiheitsprinzip soll jedermann das gleiche Recht auf ein System gleicher Grundfreiheiten haben, das mit demselben System für alle anderen vereinbar ist. Zur Erläuterung nennt Rawls eine Reihe von Grundfreiheiten, die dem klassischen Katalog der liberalen Tradition entsprechen. Namentlich sind dies die politische Freiheit, Rede- und Versammlungsfreiheit, Gewissens- und Gedankenfreiheit, das Recht auf persönliches Eigentum und der Schutz vor willkürlicher Verhaftung.

Das Unterschiedsprinzip fordert, dass soziale und wirtschaftliche Ungleichheiten so beschaffen sein müssen, dass sie zu jedermanns Vorteil dienen. Rawls vertritt keineswegs das Prinzip sozialer Gleichheit, er verlangt aber, dass soziale Ungleichheiten immer auch mit Vorteilen für die Ärmsten verbunden sein müssen. Es ist nicht verwerflich, wenn die Privilegierten einer Gesellschaft mehr verdienen, solange die Ärmsten auch etwas davon haben. Aus dem Unterschiedsprinzip folgt weiterhin das Prinzip der Chancengleichheit beim Zugang zu Positionen und Ämtern. Die Aussichten von Menschen mit gleichen Fähigkeiten dürfen nicht von ihrer sozialen Schicht abhängen. Rawls lässt aber keinen Zweifel daran, dass das Freiheitsprinzip immer den Vorrang vor dem Unterschiedsprinzip hat.

9. Die Frage nach dem Sinn

9.1. Der Mensch, das rätselhafte Wesen

Bei allen Themen der Philosophie ist unter jeweils verschiedener Perspektive immer vom Menschen die Rede. Dazu bedarf es gar keiner besonderen Disziplin, wie der philosophischen Anthropologie Der Mensch nimmt im gesamten Seienden eine Sonderrolle ein, denn er ist nicht nur ein Lebewesen, das unter anderen Lebewesen vorkommt, der Mensch ist dasjenige Wesen, das über alle anderen Wesen und über das Ganze nachdenkt und es erkennt. Und der Mensch, – das sind wir selbst.

Der Mensch ist das einzige Wesen, das gleichzeitig Subjekt und Objekt der Erkenntnis ist. Aber er ist nicht nur erkennendes, sondern auch handelndes Subjekt. Und er ist das einzige Wesen, das nach Gründen handelt, oder doch handeln soll, und das nicht allein von Instinkten geleitet wird. Traditionell wird dies so ausgedrückt, dass der Mensch sowohl biologisches Naturwesen als auch moralisches Vernunftwesen ist. Er ist zugleich Tier und Person. Er ist die Schnittstelle von Natur und Vernunft, von Materie und Geist. Der Mensch ist auch das einzige Wesen, das über die Art und Weise seines Daseins nachdenken, und das sein Leben beurteilen und planen kann. Der Mensch fragt nach einem Sinn für sein Dasein.

Zur Bestimmung des Menschen hat die Philosophie eine Vielzahl an Definitionen hervorgebracht. Eine der frühesten ist auch eine der unheimlichsten. Sie stammt von dem griechischen Dichter Sophokles (496–405 v. Chr.) und wird in seiner Tragödie „Antigone“ ausgesprochen. Der Mensch wird dort als ein Ungeheuer bezeichnet. Es gibt nichts Ungeheureres als den Menschen in der Welt, sagt Sophokles. Damit bringt er zum Ausdruck, dass der Mensch nichts Abgeschlossenes ist, dass er nicht ein für alle Mal eingeordnet werden kann, sondern dass er über jede Bestimmung hinausragt, und dass ihm dabei etwas Bedrohliches anhaftet.

Etwas prosaischer ist Nietzsches Formel vom Menschen als dem nicht festgestellten Tier. Darin ist sowohl die biologische Basis des

Mensch-Seins enthalten, wie auch die Dimension der Offenheit und Freiheit. Denn es lässt sich nicht bestreiten, dass wir *auch* Tiere sind, jedoch sind wir nicht durch Instinkte festgelegt. Der Mensch ist ein Möglichkeitswesen.

Und diese Möglichkeiten reichen sehr weit und sie reichen vor allem in alle Richtungen. Die treffendste Formulierung für die Spannweite menschlicher Erscheinung stammt von Giovanni Pico della Mirandola (1463-1494), einem Philosophen der italienischen Renaissance. Der Mensch ist dort das Wesen, das den höchsten Himmel aber auch die tiefste Hölle in sich trägt, er kann sich weit über die Natur erheben, kann aber auch tiefer als jedes Tier sinken, da seine Freiheit ihn sowohl zu den größten Werken und zur höchsten Moralität, wie auch zu bestialischen Verbrechen fähig macht.

Es ist diese unheimliche Dimension menschlichen Daseins, die die Philosophie immer bannen wollte, und die sie mit dem Licht der Vernunft zu vertreiben suchte. In seinem Dialog „Symposion" beschreibt Platon den Menschen als das Wesen, das ewig strebt, das immer über sich hinaus will, und in diesem Streben, das Platon als Eros bezeichnet, sowohl in seinen Nachkommen fortleben als auch unsterbliche Werke hinterlassen will. Aristoteles findet das entscheidende Vermögen des Menschen gegenüber den Tieren in der Vernunft und bezeichnet ihn als vernünftiges Wesen, als *zoon logikon*, in lateinischer Übersetzung als das berühmte *animal rationale*. Das Wesen des Menschen, seine Menschlichkeit, wird an seiner Vernunftfähigkeit festgemacht.

Das Mittelalter befördert den Menschen zum Ebenbild Gottes und macht ihn zur Krone der Schöpfung. Doch seinen Höhepunkt findet die Rolle des Menschen in der Neuzeit bei Descartes und seinen Nachfolgern. Der Mensch ist Geist und alle anderen Lebewesen werden auf die Seite der Objekte geschoben, sie sind nur bessere Maschinen. Der Mensch hat das Recht sich die ganze Welt anzueignen. Er ist der Herr der Erde.

Kant nimmt in Vorausahnung der Entzauberung des Menschen eine entscheidende Verschiebung vor. Zwar ist auch für ihn die Vernunft das Zentrum der Menschlichkeit, doch ist es die praktische, nicht die theoretische Vernunft. Das, was die Menschlichkeit des Menschen ausmacht, liegt nicht in seiner Fähigkeit, die ganze Welt zu erkennen und zu gestalten, sondern in seiner moralischen Verpflichtung. Darin liegt für Kant die Würde des Menschen, die ihn als einziges Wesen zu einem Zweck an sich selbst macht.

Doch der Fortschritt der Naturwissenschaften geht mit einer fortschreitenden Entzauberung des Menschen einher. Die Evolutionstheorie Darwins entzieht ihm seine Sonderrolle in der Welt der Lebewesen, da er eben nicht als Mensch in die Welt gekommen ist, wie der biblische Schöpfungsmythos behauptet, sondern da er durch zufällige Selektionen im Lauf der Evolutionsgeschichte zu dem wurde, was er heute ist. Der Mensch ist ein Produkt der Natur mit einem fließenden Übergang aus dem Tierreich.

Zeigt Charles Darwin (1809–1882) dem Menschen seine Verwandtschaft mit dem Affen, so verweist Karl Marx ihn auf seine Abhängigkeit von den sozialen Bedingungen. Ein Ensemble gesellschaftlicher Verhältnisse ist der Mensch, mehr nicht. Friedrich Nietzsche raubte ihm dann sein Selbstbewusstsein, indem er feststellt, dass der Mensch nicht Herr im eigenen Haus ist. Sein Ich ist nur eine Illusion, mit der seine Triebe ihn umnebeln, er ist nur ein Träumender in einem abgeschlossenen Zimmer, der auf dem Rücken eines Tigers reitet. Die Psychoanalyse Sigmund Freuds (1856–1939) schlägt in die gleiche Kerbe und zeigt, in wie hohem Maß wir vom Unterbewusstsein gelenkt werden, wo wir glauben frei zu entscheiden. Der Mensch ist ein bloßer Spielball seiner Triebe.

Was also bleibt von der selbstbewussten Stellung des Menschen übrig? Sind wir einfach ein Mängelwesen, wie Arnold Gehlen (1904-1976), ein Hauptvertreter der philosophischen Anthropologie behauptet, ein Wesen, das seine evolutionsbedingten Mängel durch Gehirntätigkeit ausgleicht? Muss das Wesen des Menschen vielleicht ganz neu bedacht und bestimmt werden, wie Martin Heidegger meint, wenn er den Menschen zum bloßen Medium des Seins erklärt? Oder wird der Mensch als Konzept am Ende verschwinden, wie

Michel Foucault behauptet, wie eine Zeichnung im Sand, die das Meer überspült und auslöscht? Und wo bleibt dann der Sinn?

Wir sind auch biologische Lebewesen mit einem Leib, mit Nerven und Muskeln, und wir können diesen Leib nicht verlassen. Wir sind dieser Leib, den wir nie von außen sehen können. In diesem Stück Materie, das wir sind, entsteht jenes Flackern, das wir Geist nennen, das wir als Ich erfahren und das uns zum Menschen macht. Doch als biologisches Wesen ist der Mensch auch sterblich, wie jedes Lebewesen. Dies ist die einzige wirkliche Gewissheit, über die wir verfügen.

Die eigene Sterblichkeit war für die Menschen seit der Frühzeit des Denkens die größte Zumutung. In nahezu allen Kulturen bäumte der Mensch sich gegen seine Sterblichkeit auf. Der Wunsch nach Unsterblichkeit, wenn schon nicht als Individuum, dann wenigstens in Form einer Seelenwanderung war der Treibstoff der Religionen. Aber auch die Philosophie machte sich seit Platon viele Gedanken über die Möglichkeit der Unsterblichkeit. Doch da hier noch weniger als auf anderen Gebieten ein empirischer Beweis möglich war, sah man sich auf das Feld des Glaubens verwiesen. Die Aussicht auf die Unsterblichkeit der Seele bot Trost und Hoffnung im Hier und Jetzt, doch mehr als Hoffnung konnte es nie sein.

Der Philosoph Epikur (342–271 v. Chr.) bietet einen Trost ganz anderer Art. Über den Tod müsse man sich keine Sorgen machen, sagt er, denn der Tod könne nie ein Bestandteil des Lebens sein. Solange wir leben, sind wir nicht tot, und wenn wir tot sind, sind wir eben keine Lebewesen mehr, die darunter leiden können. Epikur hat sicher Recht, wenn er damit die Vorstellung entkräftet, wir könnten einst irgendwo sitzen und darunter leiden, dass wir jetzt tot sind. Das Faktum der Endlichkeit und Sterblichkeit bleibt dennoch bestehen.

Im 20. Jahrhundert macht Martin Heidegger in seinem Hauptwerk „Sein und Zeit" den Tod zu einem zentralen Begriff seines Denkens. Hier rüttelt die Gewissheit des eigenen Todes den Menschen dazu auf, sein Dasein nicht zu vergeuden. Im Bewusstsein des bevorstehenden Todes können wir aus dem bloßen Trott der Alltäglichkeit und Belanglosigkeit gerissen werden und zu einem Dasein der Eigentlichkeit gelangen, einem Dasein, das bewusst vollzogen wird, im Wissen, dass unsere Zeit begrenzt ist. Der Tod führt so zur Trennung zwischen Wichtigem und Unwichtigem. Der Tod fordert von uns, unserem Dasein einen Sinn zu geben. Heidegger stellt heraus, dass es gerade diese Begrenztheit und Endlichkeit ist, die dem Menschen einen Sinnhorizont aufzwingt.

Wäre das Leben prinzipiell unendlich, so würde der Anspruch entfallen, etwas aus seinem Leben zu machen. Das Leben ergäbe nicht die Geschichte, die wir jeweils sind, sondern es könnten immer neue und wieder neue Episoden angehängt werden. Die Frage, ob die irdische Unsterblichkeit ein Segen oder vielleicht eher ein Fluch wäre, mag hier dahingestellt bleiben.

Hannah Arendt (1906–1975) setzt der Todesbesessenheit vieler Philosophen, namentlich ihres Lehrers Martin Heidegger, ihr Konzept der Gebürtlichkeit entgegen. Denn die Geburt ist neben dem Tod der andere Fixpunkt des menschlichen Daseins. Jedes neue Leben bedeutet einen Neuanfang, doch die Menschen kommen mit der Geburt in eine schon von Menschen gestaltete Welt hinein. Durch die Sprache wird die Welt von Mensch zu Mensch weiter vermittelt und von Generation zu Generation weiter vererbt.

Der Sinn des Daseins muss immer wieder befragt und immer wieder neu gefunden werden. Es ist diese Dimension des Sinns, die den Menschen zur Philosophie führt. Der Mensch ist das einzige Wesen, das seinem Leben einen Sinn geben und das nach einem Sinn fragen kann. Aber was meinen wir denn, wenn wir von einem Sinn des Lebens sprechen?

Hier steckt die Erwartung, dass unser Leben eine Bedeutung hat oder in einen größeren Zusammenhang eingebettet ist. Wir erwarten so etwas wie eine letzte Rechtfertigung. Dieser Sinn muss sich nicht unbedingt für Sie selbst erfüllen, sondern er kann über Ihre Person hinausweisen. Sie hätten dann einen Beitrag zu etwas geleistet, das größer ist, als Sie selbst, vielleicht die Familie, der Staat, die ganze Menschheit? Doch bei jeder solchen Sinnerwartung wird unterstellt, dass die Sache gut ausgeht. Aber tut sie das? Das kann niemand wissen. Und vielleicht gibt es gar keinen Sinn. Darauf deutet sogar sehr viel hin. Vielleicht müssen Sie sich den Sinn selber setzen.

Arthur Schopenhauer (1788-1860) ist der erste Philosoph der Moderne, der ernst macht mit der Sinnlosigkeit. Er findet in der Welt, wohin er auch blickt, nur Leiden, das Leben als solches bedeutet für ihn Leid. Die Lösung, um das Leid zu beenden, besteht darin, das Leben aufhören zu lassen.

Eine Stufe weiter treibt Friedrich Nietzsche den Begriff der Sinnlosigkeit mit dem Gedankenspiel einer ewigen Wiederkehr des Gleichen, das er in seinem Buch „Also sprach Zarathustra“ entfaltet. Alles, was jemals geschah, alles, was Sie jemals taten oder erlebten, jede Freude und jeder Schmerz, wird wiederkehren. Sie werden nicht die gleiche Situation nochmals erleben, um es vielleicht dieses Mal besser zu machen, nein, es wird alles wieder so geschehen, wie es war und wie es immer sein wird. Dies ist das größte Maß an Sinnlosigkeit, das nur immer möglich ist. Aber hier führt Sinnlosigkeit nicht zur Verzweiflung, sondern zu einer bewussten Bejahung. Wenn es keinen objektiven Sinn mehr gibt, dann setzen Sie sich Ihren Sinn selbst. Der Augenblick gewinnt die höchste Bedeutung, es gilt nicht mehr irgendwohin zu gelangen, sondern jeden Augenblick zu gestalten. Nietzsche verabschiedet sich damit von der Idee des menschlichen Fortschritts.

9.2. Die Geschichtlichkeit allen Wissens

Von der Frage nach einem Sinn ist es nur ein kleiner Schritt zur Frage, ob es in der Welt einen Fortschritt zum Besseren gibt. Auf den ersten Blick werden Sie dies wahrscheinlich bejahen. Der wissenschaftliche und technische Fortschritt ist unübersehbar, die Menge an Wissen potenziert sich alle paar Jahre, die Medizin schreitet unaufhaltsam voran. Die Menschen werden immer klüger und leben immer besser. Ist es nicht so? Doch bevor Sie zu zweifeln beginnen, bleiben Sie noch einen Moment dabei und fragen Sie sich, warum wir so denken.

Der Ursprung dieser Weltsicht liegt im eschatologischen Denken des Christentums. Im Gegensatz zur zyklischen Weltauffassung bei den Griechen, bei denen das Weltgeschehen einem Kreislauf von Aufstiegen und Niedergängen folgt, denkt das Christentum die Geschichte als einen linearen Strang auf ein Ziel. Die Welt steuert auf ein Ziel zu und wird vom Ende her gerechtfertigt.

Dieser Grundgedanke bleibt bestehen, als die religiösen Begründungen der Philosophie untergehen, ja er verstärkt sich sogar noch. Mit der Aufklärung tritt das Fortschrittsdenken in den Mittelpunkt. Und der Fortschritt ist natürlich ein Fortschritt zum Besseren. Es ist die Vernunft selbst, die sich immer weiter entfaltet und immer mehr Bereiche aus dem Dunkel ins Licht holt. Geschichte wird in der Philosophie der Moderne zum Horizont des Wissens und Erkennens. Unser Wissen wächst stetig an und dringt immer tiefer in die Gesetzlichkeiten der Wirklichkeit vor. Es ist nur eine Frage der Zeit, bis alle Geheimisse gelüftet sind und die Welt restlos erkannt ist.

Das gilt nicht nur für den wissenschaftlichen Fortschritt, das gilt gerade auch für den humanen Fortschritt, den Ausgang des Menschen aus seiner selbst verschuldeten Unmündigkeit, wie Immanuel Kant die Aufklärung definiert. Freiheit, Gleichheit, Brüderlichkeit verkündet das Banner der Französischen Revolution. Die Menschenrechte werden proklamiert, die Ketten der Sklaven fallen und die Staaten formen sich zu Rechtsstaaten und Demokratien. Die restlos aufgeklärte Welt ist auch eine endgültig geregelte und gerechtfertigte Welt, in der neben der Wahrheit auch die Gerechtigkeit an ihr Ziel gelangt ist.

In der Vorstellung eines beständigen Fortschritts zum Besseren kommen sogar die verfeindeten Denksysteme des Marxismus und des Liberalismus überein. Glaubte Hegel, die ganze Weltgeschichte sei eine Entfaltung des Geistes und der Vernunft, so wendet Marx diese Vorstellung materialistisch, ohne jedoch ihre Grundstruktur anzutasten. Die ganze Geschichte ist jetzt eine Folge von Klassenkämpfen, bei denen die jeweils siegreiche Partei aus ihren Widersprüchen eine neue Klasse hervorbringt. Das Ende der Geschichte wird in der klassenlosen Gesellschaft erreicht werden. Doch auch im Liberalismus besteht die Perspektive eines wachsenden Wohlstandes, der sich durch die Selbstregulierung des Marktes entfalten wird.

Doch stimmt das denn wirklich? Wir wissen immer mehr, das ist richtig, aber geht nicht auch viel Wissen verloren? Die Technik erleichtert unser Leben, aber sie zerstört zugleich ganze Felder der Erfahrung und des Handelns. Dies sollte jedoch nicht dazu führen jetzt eine umgekehrte Entwicklung zu unterstellen und die ganze Geschichte als Verfallsgeschichte zu deuten.

Im 20. Jahrhundert gingen viele Träume in Weltkriegen, Völkermorden und totalitären Regimen unter. Wie kann es sein, dass nach zwei Jahrhunderten der Aufklärung die Menschheit in eine neue Barbarei gerät, fragen Theodor W. Adorno (1903-1969) und Max Horkheimer (1895-1973) in ihrer „Dialektik der Aufklärung".

Es gibt keinen Plan in der Geschichte, und die Vorstellung, dass der Mensch in irgendeiner Weise das Ziel der Geschichte sein könnte, ist vielleicht seine größte Hybris. Am treffendsten formuliert bereits Friedrich Nietzsche diese Einsicht, wenn er seinen Essay „Über Wahrheit und Lüge im außermoralischen Sinn" mit der Geschichte eines kleinen Planeten in einem abgelegen Winkel des Universums beginnt. Dort erfanden kluge Tiere eines Tages das Denken. Es merkte nur niemand etwas davon und es war auch egal, da der ganze Planet nach einer Minute unterging. Das ist die Situation des Menschen. Er ist allein in einem riesigen Universum, in dem kein Gott mehr über ihm und seiner Sonderrolle wacht. Und die Vernichtung der ganzen Menschheit liegt durchaus im Bereich des Möglichen, wie wir heute wissen.

Die Philosophie hat sich schon lange von der Perspektive eines Ziels oder eines Endes der Geschichte verabschiedet. Der Gedanke, dass alles Wissen selbst etwas Geschichtliches ist, und unser gesamtes System der Wirklichkeit als fließend gedeutet werden muss, ist das heimliche Hauptthema der Philosophie des 20. Jahrhunderts. Sie haben diese Vorstellung schon bei der Theorie vom Paradigmenwechsel in der Wissenschaftstheorie und bei der Abhängigkeit unseres Weltbildes von der Sprache kennengelernt. Es sind nicht nur Theorien oder geistige Moden, die einander abwechseln, es ist die Wirklichkeit selbst, die sich wandelt.

Ludwig Wittgenstein findet in seinem Buch „Über Gewissheit" das treffende Bild vom Flussbett. Bestimmte Sätze, die einst selbst Erfahrungssätze waren, erstarren zur Gewissheit und bilden ein Flussbett, innerhalb dessen sie die Bahnen für die flüssigen Sätze unserer Erfahrung bilden. Doch nichts ist endgültig fest, denn in diesem Fluss, der unsere Wirklichkeit versinnbildlicht, können neue Sätze erstarren und heutige Gewissheiten sich verflüssigen, womit unsere so selbstverständliche Mythologie des Wissens wieder in Bewegung gerät.

Die gleiche Einsicht liegt Martin Heideggers seinsgeschichtlichem Denken zu Grunde. Das Sein selbst ist etwas, das eine Geschichte hat, und sich in immer wieder neuer und unterschiedlicher Weise zeigt. Die Welt erscheint damit in verschiedenen Epochen als eine jeweils andere, wobei die Frage, welche Weltsicht die Richtige sei, in die Irre führt. Denn jedes Sich-Zeigen ist zugleich ein Sich-Verbergen. Im menschlichen Dasein, als dem Da des Seins, öffnet sich eine jeweils andere Lichtung, in dem das, was ist, zur Sprache kommt.

Warum wurden zu bestimmten Zeiten bestimmte Fragen gestellt und andere nicht, fragt Michel Foucault. Auch er deutet die Geschichte als eine Folge von Denksystemen, die durch einen Abgrund der Sinnverschiebungen in ihrem Weltverständnis voneinander getrennt sind. Diese Veränderungen des Denkens fasst Foucault in seinem Hauptwerk „Die Ordnung der Dinge" bildlich als das Verlassen von Ufern, die das Denken einst bewohnte, und die ihm jetzt als Irrtum und Trugbild gelten, wo sie doch einige Jahre vorher noch klare Erkenntnis waren.

All diesen Ansätzen ist gemeinsam, dass diese Änderungen der ganzen Welt keiner zielgerichteten Entwicklung folgen, dass die Suche einer solchen Entwicklung oder eines wie auch immer gearteten Fortschritts vielmehr selbst nur eine Perspektive unter mehreren möglichen ist. Ein objektiver Sinn kann deshalb nur eine Illusion sein. Jedes Sinnkonzept hat den Charakter eines Entwurf, mit dem die existierenden Menschen sich eine Orientierung schaffen, und den immer neu in Frage zu stellen, die besondere Aufgabe der Philosophie ist.

Zum Weiterlesen

Systematische Darstellungen:

Detel, Wolfgang: Grundkurs Philosophie, 5 Bände, Philipp Reclam jun. Verlag, Stuttgart 2007

Ernst, Gerhard: Einführung in die Erkenntnistheorie, Wissenschaftliche Buchgesellschaft, Darmstadt 2007

Hoyningen-Huene, Paul: Formale Logik: Eine philosophische Einführung, Philipp Reclam jun. Verlag, Stuttgart 1998

Menne, Albert: Einführung in die Logik, UTB, Franke-Verlag, 2. Auflage, München 1973

Nagel, Thomas: Was bedeutet das alles? Eine ganz kurze Einführung in die Philosophie, Philipp Reclam jun. Verlag, Stuttgart 1990

Newen, Albert / Schrenk, Markus A.: Einführung in die Sprachphilosophie, Wissenschaftliche Buchgesellschaft, 2. Auflage, Darmstadt 2013

Pauen, Michael; Grundprobleme der Philosophie des Geistes, Fischer Taschenbuch Verlag, Frankfurt am Main 2001

Pauer-Studer, Herlinde: Einführung in die Ethik, UTB Facultas-Verlag 2003

Pfister, Jonas: Philosophie. Ein Lehrbuch, Philipp Reclam jun. Verlag, Stuttgart 2011

Pieper, Annemarie: Einführung in die Ethik. UTB, 6. Auflage, Stuttgart 2006

Quante, Michael: Einführung in die Allgemeine Ethik, Wissenschaftliche Buchgesellschaft, 5. Auflage, Darmstadt 2013

Ruffing, Reiner: Philosophie, UTB basics, Stuttgart, Stuttgart 2006

Strombach, Werner: Einführung in die Systematische Philosophie, UTB Schöning-Verlag, Paderborn 1992

Teichert, Dieter: Einführung in die Philosophie des Geistes, Wissenschaftliche Buchgesellschaft, Darmstadt 2006

Wuchterl, Kurt: Lehrbuch der Philosophie, UTB, 5. Auflage, Stuttgart 1998

Klassische Texte der Philosophie:

Aristoteles: Metaphysik, Philipp Reclam jun. Verlag, Stuttgart 1981

Aristoteles: Nikomachische Ethik, Felix Meiner Verlag, Hamburg 1985

Aristoteles: Politik, Felix Meiner Verlag, Hamburg 1981

Austin, John L.: Zur Theorie der Sprechakte, Philipp Reclam jun. Verlag, Stuttgart 2002

Davidson, Donald: Handlung und Ereignis, Suhrkamp Taschenbuch Wissenschaft, Frankfurt a. M. 1990

Descartes, Rene: Discours de la Méthode. Von der Methode, Felix Meiner Verlag, Hamburg 1969

Descartes, Rene: Meditationen über die Grundlagen der Philosophie, Felix Meiner Verlag, Hamburg 1977

Epiktet: Handbüchlein der Moral, Philipp Reclam jun. Verlag, Stuttgart, 2004

Foucault, Michel: Die Ordnung der Dinge, Suhrkamp Taschenbuch Wissenschaft, Frankfurt a. M. 2009

Gadamer, Hans-Georg: Wahrheit und Methode, J. C. B. Mohr (Paul Siebeck), Tübingen 1990

Habermas, Jürgen: Theorie des Kommunikativen Handelns, 2 Bde., Suhrkamp Taschenbuch Wissenschaft, Frankfurt a. M. 1995

Hegel, Georg Friedrich Wilhelm: Phänomenologie des Geistes, Suhrkamp Taschenbuch Wissenschaft, Frankfurt a. M. 1981

Heidegger Martin: Sein und Zeit, Max Niemeyer Verlag, Tübingen, 1979

Heidegger Martin: Wegmarken, Vittorio Klostermann Verlag, Frankfurt a. M. 2004

Hobbes, Thomas: Leviathan, Suhrkamp Taschenbuch Wissenschaft, Frankfurt a. M. 1984

Hume, David: Eine Untersuchung über den menschlichen Verstand, Philipp Reclam jun. Verlag, Stuttgart 1979

Kant, Immanuel: Kritik der reinen Vernunft, 2 Bände, Suhrkamp Taschenbuch Wissenschaft, Frankfurt a. M. 1980

Kant, Immanuel: Kritik der praktischen Vernunft. Grundlegung zur Metaphysik der Sitten, Suhrkamp Taschenbuch Wissenschaft, Frankfurt a. M. 1980

Kuhn, Thomas: Die Struktur wissenschaftlicher Revolutionen, Suhrkamp Taschenbuch Wissenschaft, Frankfurt a. M. 1976

Locke, John: Versuch über den menschlichen Verstand, 2 Bde., Felix Meiner Verlag, Hamburg 1981

Locke, John: Zwei Abhandlungen über die Regierung, Suhrkamp Taschenbuch Wissenschaft, Frankfurt a. M. 1977

Mill, John Stuart: Der Utilitarismus, Philipp Reclam Junior Verlag, Stuttgart 2006

Nietzsche, Friedrich: Sämtliche Werke, Kritische Studienausgabe (KSA) in 15 Bänden, herausgegeben von Giorgio Colli und Mazzino Montinari, Deutscher Taschenbuch Verlag u. de Gruyter, München 1980

Popper, Karl: Die Logik der Forschung, J. C. B. Mohr (Paul Siebeck), Tübingen 1976

Platon: Der Staat, Felix Meiner Verlag, Hamburg 1989

Quine, Willard van Orman: Wort und Gegenstand, Philipp Reclam jun. Verlag, Stuttgart, 2007

Rawls:, John: Theorie der Gerechtigkeit, Suhrkamp Taschenbuch Wissenschaft, Frankfurt a. M. 1979

Rousseau, Jean-Jacques: Über den Ursprung der Ungleichheit unter den Menschen, in: Schriften zur Kulturkritik, Felix Meiner Verlag, Hamburg 1983

Rousseau, Jean-Jacques: Der Gesellschaftsvertrag, Philipp Reclam jun. Verlag, Stuttgart 1980

Ryle, Gilbert: Der Begriff des Geistes, Philipp Reclam Junior Verlag, Stuttgart 1986

Singer. Peter: Praktische Ethik, Philipp Reclam jun. Verlag, Stuttgart 1994

Wittgenstein, Ludwig: Werkausgabe Bd 1, Tractatus logico-philosophicus, Tagebücher 1914-1916, Philosophische Untersuchungen, Suhrkamp Taschenbuch Wissenschaft, Frankfurt a. M. 1984

Personenregister

38817017R00122

Printed in Poland
by Amazon Fulfillment
Poland Sp. z o.o., Wrocław